Droit

BTS 2e année

Laurence Garnier

Patrick Mercati

Professeurs agrégés d'économie et gestion

Nathan
TECHNIQUE

Sommaire

NB : Cet ouvrage a été écrit en tenant compte de l'ordonnance 2016-131 du 10 février 2016.

Édition : Florence Terrasse
Coordination artistique : Isabelle Jalfre
Illustrations : Maraï
Infographies : Christophe Vallée, Corédoc
Mise en pages : PCA
Fabrication : Camille Friquet

Avril 2019 – ISBN : 978-2-09-165328-0

1 L'offre commerciale et le contrat électroniques

Éléments du droit positif : 421-1 et 421-2

- Offre commerciale électronique : protection du co-contractant, respect de l'ordre public, respect de la vie privée, obligation de loyauté et de transparence
- Contrat électronique : écrit électronique, étapes du processus de formation du contrat électronique, exécution du contrat électronique et paiement électronique

Les compétences attendues	Le plan du chapitre
• Apprécier si l'offre commerciale électronique est conforme au droit positif	**I – L'offre commerciale électronique** A • Les spécificités et les dangers de l'offre à distance B • La protection du cocontractant potentiel
• Apprécier la validité de tout ou partie d'un contrat électronique et expliciter ses effets juridiques • Rédiger et qualifier quelques clauses d'un contrat électronique	**II – Le contrat électronique** A • La formation du contrat électronique B • L'exécution du contrat par l'e-commerçant C • L'exécution du contrat par le consommateur

Mise en situation

Maxime, jeune entrepreneur, tente l'aventure du commerce par Internet pour vendre ses produits bio directement aux particuliers. Il s'interroge sur les particularités de ce type de vente à distance : peut-il proposer ses produits à tous les internautes par mail ? Sous quelles conditions les contrats qu'il passera seront-ils valides ?

I L'offre commerciale électronique

A. Les spécificités et les dangers de l'offre à distance

Document 1 *L'évolution de la vente à distance*

La vente à distance consiste à vendre un bien ou à fournir une prestation de service à distance au consommateur : par catalogue, téléphone, téléachat, publipostage, Internet, SMS, etc., sans la présence physique du professionnel et du consommateur.
Le commerce électronique permet, sous une forme électronique, et donc en l'absence de tout support durable et grâce à une communication à distance interactive, la conclusion en ligne d'un contrat (ex. : vente de bien, prestation de service, livraison ou téléchargement du bien, etc.)
Le commerce en ligne est encadré en France depuis la transposition de la directive européenne du 8 juin 2000 par la loi pour la confiance dans l'économie numérique du 21 juin 2004.

Questions

1. Quelle est la spécificité de toute vente à distance ?
2. Quels en sont les risques ?
3. Quelle est la caractéristique principale de l'évolution de la vente à distance ?

Document 2 *Des exemples d'offres par Internet*

Questions

4. Identifiez ces types d'offres en précisant ce qui les distingue.
5. Pourquoi peut-on parler du caractère intrusif des moyens de communication modernes ?

Document 3 *Les difficultés de protection du cocontractant à distance*

Tracking IP **: les pratiques inavouables des cybermarchands**

Des sites de commerce électronique sont fortement suspectés de modifier leurs prix en fonction de l'adresse IP du client. Une députée européenne demande l'ouverture d'une enquête.

C'est un phénomène déjà dénoncé par de nombreux internautes. Les sites de commerce électronique, notamment ceux qui vendent des billets de train ou d'avion, sont en effet fortement suspectés de modifier leurs tarifs en fonction de l'adresse IP du client. Françoise Castex, eurodéputée [...], vient donc d'adresser une question écrite prioritaire à trois commissaires européens afin qu'ils s'assurent de la légalité de ces pratiques dans l'Union.

[...] C'est l'*IP tracking*, ou traçage de l'adresse IP, lui-même, qui pose problème à l'eurodéputée : « D'une part, certaines offres encore valables ne s'affichent pas et, d'autre part, l'adresse IP de l'internaute est pistée sans son consentement. Or, c'est une donnée personnelle. » [...]

Alain Clapaud, bfmbusiness.bfmtv.com

Questions

6. En quoi consiste la pratique dénoncée ?
7. En quoi les moyens de communication modernes sont-ils susceptibles de créer des risques pour le consommateur ?

Document 4 *Cookies :* danger !

Quels sont ces étranges gâteaux qu'un site Web vous a sûrement déjà proposés ?

La plupart du temps, lorsqu'un serveur Web propose un *cookie*, les utilisateurs ignorent ce terme et cliquent sur « OK » sans se préoccuper de son devenir. Un *cookie* est en réalité un fichier stocké sur le disque dur de l'utilisateur qui permet au serveur Web de le reconnaître d'une page Web à l'autre. Les *cookies* sont notamment utilisés par les sites de commerce électronique afin de conserver les préférences de l'utilisateur (par exemple les options qu'il a cochées) afin de lui éviter de les ressaisir.

Les *cookies* et la sécurité

Le problème majeur des *cookies* relève des informations qu'ils contiennent. En effet, lorsqu'un utilisateur se connecte à un site personnalisable, celui-ci va lui poser quelques questions afin de dresser son profil, puis stocker ces données dans un *cookie*. Selon le site, la manière selon laquelle l'information est stockée peut s'avérer nuisible à l'utilisateur.

En effet, un site de vente en ligne peut par exemple collecter des informations sur les préférences des utilisateurs par le biais d'un questionnaire, afin de leur proposer ultérieurement des articles pouvant les intéresser.

Par exemple, en sachant si l'utilisateur est un homme ou une femme, un site pourra l'aiguiller directement au rayon approprié pour lui faire économiser du temps (et surtout pour mieux vendre). Si par ailleurs, l'utilisateur a indiqué dans son profil qu'il est amateur de tennis, le site sera en mesure de lui proposer une sélection personnalisée des derniers articles en la matière. [...]

www.commentcamarche.net

Question

8. Quels dangers représentent les *cookies* pour les cyberconsommateurs ?

B. La protection du cocontractant potentiel

Document 5 *L'obligation de transparence*

La loi sur la consommation du 17 mars 2014, dite loi Hamon, introduit plusieurs mesures concernant le e-commerce, dont le renforcement de l'information du consommateur avant la vente. Elle prévoit notamment que, pour les achats en ligne, les caractéristiques du produit, les modalités de paiement et les éventuelles restrictions de livraison soient affichées de façon claire sur le site du vendeur.

D'après defense-du-consommateur.comprendrechoisir.com

Question

9. Quel est l'objectif du législateur ?

DOCUMENT 6 *Prospection commerciale : le consentement des destinataires renforcé par le RGPD**

L'*opt-in* et l'*opt-out* doivent être distingués. L'*opt-in* : si l'utilisateur n'a pas dit « oui », c'est « non ». Inversement, en cas d'*opt-out*, si l'utilisateur n'a pas dit « non », c'est « oui ».

Pour les particuliers (*B to C*) : *opt-in* Le principe : pas de message commercial sans accord préalable du destinataire	Pour les professionnels (*B to B*) : *opt-out* Le principe : information préalable et droit d'opposition
• L'*opt-in* actif oblige l'internaute à cocher une case autorisant l'éditeur du site à le contacter par e-mail ou par SMS à des fins marketing. • Le double *opt-in* (DOI), mis en place par le RGPD de mai 218, renforce le recueil du consentement des consommateurs avec, dans un premier temps une case à cocher, et dans un second temps, en exigeant du destinataire qu'il clique sur un lien contenu dans un e-mail envoyé à son adresse afin de confirmer ses coordonnées électroniques. • Une exception est admise : la prospection est autorisée sans consentement express préalable si le consommateur a déjà acheté les produits ou les services de l'entreprise et que le message publicitaire fait la promotion de produits ou services similaires.	• En l'état actuel de la réglementation, la CNIL admet le recours à l'*opt-out* sur un site Internet à l'adresse de professionnels dans le cadre de relations commerciales *B to B*. Donc, l'entreprise est autorisée à envoyer des messages publicitaires aux professionnels sans avoir récolté leur consentement préalable. • L'entreprise informe le prospect professionnel que ses coordonnées vont être utilisées à des fins promotionnelles. • Le destinataire des contenus publicitaires doit pouvoir s'y opposer. Il s'agit donc de la pratique de l'*opt-out* actif : la case est cochée par le prospect s'il refuse de recevoir de la publicité. • Cette règle ne vaut que si le contenu à visée prospective est en lien avec la profession de son destinataire.

Le non-respect de ces règles fait encourir des sanctions importantes : amende jusqu'à 15 000 € et, en cas de refus de mise en conformité du système d'*opt-in*, et si la protection des consommateurs le justifie, une suspension du site Internet et des sanctions pécuniaires lourdes, jusqu'à 10 % du CA ou 375 000 €.

* *Règlement général sur la protection des données de 2018*

Questions

10. Expliquez en quoi consistent les principes de l'*opt-in* et de l'*opt-out*. À qui s'adressent-ils ?

11. Dans quel cas une personne physique peut-elle être prospectée sans avoir donné son consentement préalable ? De quel droit bénéficie-t-elle cependant ?

DOCUMENT 7 *On ne peut pas tout vendre sur Internet*

Une référence : **l'ordre public** ; il s'agit de l'ensemble des règles obligatoires régissant la vie en société et édictées dans l'intérêt général.

Vendre un ordinateur, proposer des billets d'avion ou des places de théâtre, un cadeau pour enfant : Internet met tout à portée de clic. Néanmoins, certaines ventes sont prohibées en France, notamment celles des organes humains, des objets volés, des animaux protégés, des contrefaçons de produits de marque, de logiciels ou d'albums. La vente de certains produits est très encadrée (armes, munitions de guerre, certains végétaux, médicaments, etc.).

Question

12. Pourquoi est-il nécessaire de réglementer les ventes sur Internet ?

Document 8 *Le respect de la vie privée*

http//www.recentactual.fr

Vous vous êtes inscrit à nos offres Actual et souhaitez modifier votre abonnement ou vous désabonner. Conformément à la loi Informatique et Libertés n° 78-17 du 6 janvier 1978 et rectifiée par la loi n° 2003-223 du 19 mars 2003, toute personne dispose d'un droit d'accès, de modification, rectification et suppression aux données la concernant. Pour supprimer votre adresse de la base, cliquez ici.

☑ J'accepte de recevoir, sans engagement, les offres Actual. J'ai bien noté que je garde à tout moment le droit d'en résilier l'envoi en me connectant à l'adresse qui me sera rappelée dans chaque mail.

☑ J'accepte de recevoir, sans engagement, des informations sur les produits et services d'autres sociétés partenaires.

Questions

13. Que peut faire l'internaute qui reçoit une proposition commerciale qu'il juge intrusive ?
14. Analysez cet extrait de site et vérifiez sa validité.

II Le contrat électronique

A. La formation du contrat électronique

Document 9 *Le respect des droits des consommateurs*

Vos droits lorsque vous achetez en ligne chez un professionnel français

Si vous achetez en ligne, vous avez exactement les mêmes droits que lorsque vous achetez par correspondance sur catalogue. […]

Vous avez le droit de savoir ce que vous achetez

Vous devez être mis en mesure de connaître les caractéristiques essentielles du bien ou du service. Le descriptif doit donc être suffisamment clair et précis. Les notices doivent être rédigées en français. N'hésitez pas à en conserver une copie. En ce qui concerne les denrées alimentaires, le descriptif doit généralement comporter : la dénomination de vente ; la liste des ingrédients ; la quantité nette ; le lieu d'origine ou de provenance […].

Vous avez le droit de connaître le prix total exact de votre commande

Le récapitulatif de la commande doit impérativement comporter le montant total que vous aurez à payer, y compris les frais de livraison. Conservez-en une copie imprimée.

Vous avez le droit de connaître les conditions auxquelles s'effectue la transaction

Vous devez notamment pouvoir avoir accès, en ligne, aux conditions générales de vente. Vous devez également être informé, par tout procédé approprié, des limitations éventuelles de la responsabilité contractuelle et des conditions particulières de la vente. S'agissant de biens meubles, le professionnel doit vous préciser la période pendant laquelle il est prévisible que les pièces indispensables à l'utilisation du bien seront disponibles sur le marché (article L. 111-3 du Code de la consommation).

Ministère de l'Économie, des Finances et de l'Industrie – DGCCRF.

Questions

1. Quels sont les droits du cyberconsommateur intéressé par une offre commerciale électronique ?
2. Les conditions de validité d'un contrat électronique sont-elles différentes de celles du contrat classique ? Justifiez votre réponse.
3. Pourquoi faut-il réglementer davantage les contrats électroniques ?

DOCUMENT 10 *Les étapes du contrat électronique*

Commande en ligne (commerce électronique) - Saisie de la commande

Le vendeur doit vous préciser :
- les différentes étapes à suivre pour conclure la commande,
- les moyens techniques qui vous permettent, avant conclusion de la commande, d'identifier vos erreurs dans la saisie des données et de les corriger,
- les langues proposées pour la conclusion du contrat,
- en cas d'archivage du contrat, les conditions de cet archivage et vos conditions d'accès au contrat archivé,
- les moyens de consulter par voie électronique les règles professionnelles et commerciales qu'il s'engage à suivre.

Confirmation de la commande

Pour que la commande soit valablement conclue, vous devez avoir pu, avant de la confirmer, en vérifier le détail, son prix total et corriger d'éventuelles erreurs.
Votre consentement se matérialise par un double clic (2 clics de souris) :
- le premier clic permet de valider votre commande,
- le second clic permet de confirmer définitivement votre commande après l'avoir vérifiée et, au besoin, corrigée.

Le professionnel doit veiller à ce que, lors de votre commande, vous reconnaissiez explicitement votre obligation de payer. La fonction utilisée pour valider votre commande doit comporter la mention : « commande avec obligation de paiement » ou une formule équivalente indiquant que la passation d'une commande oblige à son paiement.
De plus, le vendeur doit s'assurer de votre consentement exprès pour toute option payante s'ajoutant au prix de l'objet principal du contrat (interdiction des cases précochées).
Une fois votre commande terminée, le vendeur doit en accuser réception, sans délai injustifié, par voie électronique (courriel, page imprimable sur le site...).
La commande, sa confirmation et l'accusé de réception sont considérés comme reçus lorsque vous et le vendeur pouvez y avoir tous deux accès.

www.service-public.fr

Questions

4. Relevez les différentes étapes à respecter pour conclure un contrat électronique.
5. Comment expliquez-vous la nécessité d'un tel enchaînement ?
6. Justifiez les autres obligations qui s'imposent aux cybervendeurs.

B. L'exécution du contrat par l'e-commerçant

DOCUMENT 11 *La législation européenne encadre*

Appelée « loi Hamon » en France, la directive européenne de 2011 relative aux droits des consommateurs est entrée en vigueur en juin 2014 avec trois impacts majeurs sur l'e-commerce européen.

Tout d'abord, **le délai de rétractation** suite à un achat en ligne est de 14 jours à compter de la conclusion du contrat. Un « formulaire type » de rétractation doit être disponible sur les sites marchands européens pour permettre de dépasser la barrière de la langue en cas de problème.
Ensuite, **le délai de remboursement** par le marchand est de 14 jours avec des frais de retour à la charge de l'internaute, à moins que cela soit clairement précisé au moment de la commande.
En outre, **les options cachées**, c'est-à-dire les cases précochées pour des options ou des assurances payantes, sont interdites dans tous les pays de l'Union européenne.
Enfin, **le processus de commande** gagne en clarté car le bouton de commande doit désormais être facilement identifiable pour permettre à l'acheteur de savoir à quel moment il valide effectivement sa commande.
Cette loi d'harmonisation doit permettre aux internautes français d'acheter avec davantage de sécurité des produits non distribués en France et, inversement, aux e-commerçants français de s'ouvrir à une nouvelle clientèle européenne qui, jusqu'à maintenant, hésitait avant de cliquer sur « Valider ».

Questions

7. En quoi la directive européenne de 2011 transposée par la loi française de 2014 doit-elle permettre d'acheter en Europe en toute sécurité ? Justifiez votre réponse en relevant les différentes dispositions.
8. Expliquez en quoi, à l'inverse, les e-commerçants vont pouvoir s'ouvrir à une nouvelle clientèle.

Document 12 *E-commerce : les obligations du vendeur*

Affichages obligatoires :
– Les nom et prénoms du cybervendeur (dénomination sociale s'il s'agit d'une personne morale).
– L'adresse postale de l'établissement, son adresse de courrier électronique, ainsi que son numéro de téléphone.
– L'adresse du siège social et le montant de son capital, s'il s'agit d'une personne morale.
– Son numéro d'inscription au RCS ou au Répertoire des Métiers.
– Informations à afficher concernant le bien ou le service en vente.
– Les caractéristiques essentielles du bien ou du service et son prix.

Conditions générales de vente des produits sur fnac.com

Article 1 - Prix

Les prix de nos produits sont indiqués en euros toutes taxes comprises (TVA + autres taxes) hors participation aux frais de traitement et d'expédition (voir « Délais et coûts »). [...]

Article 2 - Commande

[...] Les informations contractuelles sont présentées en langue française et feront l'objet d'une confirmation reprenant ces informations contractuelles au plus tard au moment de votre validation de commande.

Article 3 – Validation de votre commande

Vous déclarez avoir pris connaissance et accepté les présentes Conditions générales de vente avant la passation de votre commande. La validation de votre commande vaut donc acceptation de ces CGV.
Un récapitulatif des informations de votre commande et des Conditions générales de vente vous sera communiqué en format PDF via l'e-mail de confirmation de votre commande.

Article 4 - Disponibilité

[...] Nos offres de produits sont valables tant qu'ils sont visibles sur le site, dans la limite des stocks disponibles [...]. Dans l'éventualité d'une indisponibilité de produit après passation de votre commande, nous vous en informerons par mail. Votre commande sera automatiquement annulée et aucun débit bancaire ne sera effectué. Pour information, le débit n'intervient qu'au moment de l'expédition du colis.

Article 5 - Livraison

[...] En cas de livraison par un transporteur [...], ce dernier prendra contact avec vous dans les plus brefs délais pour convenir avec vous d'un rendez-vous de livraison, 30 jours au plus tard à compter de la date de votre validation de commande. [...] Conformément aux dispositions légales, en cas de retard de livraison, vous bénéficiez de la possibilité de résoudre le contrat dans les conditions et modalités définies à l'article L.138-2 du Code de la consommation.

www4.fnac.com, 20/10/2015

Questions

9. Quelles sont les différentes obligations du cybermarchand ?

10. Dans un tableau, faites apparaître les différents délais qui lui sont imposés par la loi.

Document 13 *La présomption de responsabilité du cybervendeur (Loi n° 2004-575, juin 2004)*

Article 15 de la loi pour la confiance dans l'économie numérique

I. – Toute personne physique ou morale [qui propose ou assure à distance et par voie électronique la fourniture de biens ou de services] est responsable de plein droit à l'égard de l'acheteur de la bonne exécution des obligations résultant du contrat, que ces obligations soient à exécuter par elle-même ou par d'autres prestataires de services, sans préjudice de son droit de recours contre ceux-ci. Toutefois, elle peut s'exonérer de tout ou partie de sa responsabilité en apportant la preuve que l'inexécution ou la mauvaise exécution du contrat est imputable, soit à l'acheteur, soit au fait, imprévisible et insurmontable, d'un tiers étranger à la fourniture des prestations prévues au contrat, soit à un cas de force majeure.

Questions

11. Que signifie « être responsable de plein droit à l'égard de l'acheteur » ?

12. Pourquoi l'exécution du contrat doit-elle se faire en confiance dans l'univers virtuel ?

C. L'exécution du contrat par le consommateur

Document 14 *Le droit de rétractation*

Qu'est-ce que le droit de rétractation ?

C'est le droit octroyé au consommateur de revenir sur ses engagements, au terme d'un délai de réflexion. Ce droit vient pallier le fait que le consommateur n'a pas vu le produit avant de conclure le contrat. Il est traité par les articles L.121-21 à L.121-21-8 du Code de la consommation.
Ce délai est de **quatorze jours francs.**

Dans quels cas s'applique-t-il ?

Le droit de rétractation s'exerce dans les **contrats conclus à distance entre un professionnel et un consommateur.** [...]

Toutefois, il est exclu dans certains cas prévus par la loi (articles L.121-20-2 et L.121-20-4) : biens confectionnés selon les spécifications du consommateur (produits sur mesure, etc.), ventes de biens périssables ou encore prestations de services d'hébergement, de transport et de restauration devant être fournis à une date ou selon une périodicité déterminée, etc.

DGCCRF, www.economie.gouv.fr/dgccrf, « Guide du vendeur e-commerce », édition 2015.

Questions

13. Comment se justifie le droit de rétractation ?
14. Justifiez les exceptions prévues par la loi.

Document 15 *Le droit de rétractation en pratique*

Article X. Droit de rétractation

Conformément à l'article L.121-21 du Code de la consommation, vous bénéficiez d'un délai de douze (12) jours calendaires pour exercer votre droit de rétractation légal.
Vous devrez justifier de motifs pour exercer votre droit de rétractation.
Vous subirez des pénalités.
Dans le cas d'une commande de produits, le délai est décompté à partir de la réception des produits. Dans le cas d'une commande de prestation de service, le délai court à compter de la conclusion du contrat.

Question

15. Après avoir lu cet extrait de conditions générales de vente d'un site marchand, relevez les éléments qui vous paraissent non conformes à la loi.

Document 16 *Le moment du paiement*

Le commerçant peut-il encaisser le paiement avant d'avoir expédié ou livré ma commande ?

Diverses pratiques peuvent être observées s'agissant du moment du débit du compte de l'acheteur :
- au moment de la commande ;
- au moment de l'expédition du colis ;
- au moment de la livraison ;
- après la livraison.

Sachez qu'aucun texte n'impose aux commerçants d'encaisser votre paiement uniquement lors de l'envoi de la commande. En droit français, les parties à un contrat sont tenues d'exécuter leurs obligations dès sa conclusion, sauf si elles en conviennent autrement. À moins de vous préciser que le paiement interviendra ultérieurement, le professionnel est donc en droit d'encaisser le paiement dès la validation de la commande. Il est ainsi conseillé de vérifier ce qui a été prévu dans les conditions générales de vente du vendeur pour savoir à quel moment le cybermarchand encaissera les sommes que vous lui devez.

www.foruminternet.org

Question

16. Pourquoi est-il capital pour le cyberconsommateur de bien lire les conditions générales de vente ?

Document 17 *Les enjeux et les difficultés liés à la loi applicable*

Compétence territoriale en cas de conflits : la primauté des intérêts du consommateur

Le règlement de l'Union européenne sur la compétence des tribunaux en matière civile et commerciale prévoit que les actions contre les personnes domiciliées sur le territoire d'un État membre doivent, en règle générale, être formées devant les juridictions de cet État.

Il prévoit également que les litiges résultant de relations contractuelles peuvent être réglés par le tribunal du lieu où l'obligation découlant du contrat a été ou doit être exécutée. En outre, lorsqu'un contrat de consommation est visé, des règles protectrices du consommateur s'appliquent.

En conséquence, si le commerçant « dirige ses activités » vers l'État membre où le consommateur est domicilié, celui-ci peut saisir le tribunal de l'État membre de son domicile et il ne peut être assigné que dans cet État membre.

Le commerce en ligne s'intéresse donc à la notion « d'activités dirigées vers un État membre ».

Mais le règlement ne donne aucun exemple d'activité dirigé vers un État membre. Les commerçants électroniques sont face à une insécurité juridique, car ils ne peuvent pas prévoir avec précision dans quels cas ils pourraient être poursuivis devant la juridiction d'un autre État membre. Cependant, la protection du consommateur aménagée par le règlement européen est nécessaire car elle encourage la confiance dans l'économie numérique, et donc son développement.

Si vous achetez auprès d'un professionnel situé à l'étranger, la loi qui s'applique est en principe celle du pays du professionnel. Mais si le site du professionnel vise explicitement le marché français (par exemple, s'il dispose d'une interface en français alors que son pays n'est pas francophone, ou s'il a démarché une clientèle française), c'est la loi française qui prévaut.

Questions

17. Selon quel principe s'opère le choix du tribunal compétent en cas de litige avec un site commerçant d'un État de l'Union européenne autre que la France ?

18. Pourquoi parle-t-on « d'insécurité juridique » pour les commerçants électroniques ? Quels sont les enjeux pour le commerce électronique ?

19. Un consommateur européen qui achète des produits sur un site étranger dirigeant ses activités vers le pays de l'acheteur peut-il saisir ses tribunaux nationaux, même si les conditions générales du site prévoient la compétence exclusive des tribunaux du domicile du cybervendeur ?

Entraînement à l'analyse d'une situation juridique

Les compétences attendues
- Apprécier si l'offre commerciale électronique est conforme au droit positif.
- Rédiger et qualifier quelques clauses d'un contrat électronique.

Camélia Rodriguez, votre tutrice, a reçu sur son mail personnel des offres de la part de la société Manon, un cybermarchand d'articles électroménagers avec prix défiant toute concurrence. Avant de passer commande, elle s'interroge sur la licéité d'un certain nombre de conditions contractuelles qui lui sont proposées. Elle reçoit en outre quantité de SMS commerciaux de la part de l'entreprise Ava, qu'elle ne connaît pas.

Questions

À l'aide de vos connaissances et des annexes, traitez cette situation juridique.

1. Après avoir analysé les extraits de ce contrat électronique au regard du droit national et du droit européen (annexe 1), reformulez et rédigez, en fonction de votre analyse, les clauses litigieuses du contrat.
2. En cas de réception du bien le 10 janvier, à quelle date le délai de rétractation que souhaiterait exercer Camélia commencera-t-il à courir ? À quelle date viendrait-il à expiration ? Et si le dernier jour théorique est un samedi ?
3. Appréciez la légalité de l'offre commerciale de l'entreprise Ava.

Annexe 1

Extraits du contrat électronique

Article 4 – La validation de la commande
À partir du moment où le client valide sa commande sur le site en cliquant sur le bouton « Valider », il accepte les conditions générales de vente du site Cyber-menager-en-ligne, qui confirmera au client l'accusé de réception de sa commande par e-mail à l'adresse communiquée par le client. Lors de cet accusé de réception, Cyber-menager-en-ligne transmet au client la date probable de sa livraison.

Article 5 – Les délais de livraison
Les délais de livraison sont donnés à titre purement indicatif, la société s'efforce toujours de les réduire dans la mesure de ses possibilités. Elle ne peut s'engager sur une date limite compte tenu des prix bas qu'elle pratique.

Article 6 – Les litiges
En cas de litige, Cyber-menager-en-ligne ainsi que ses clients privilégieront toujours une solution amiable avant toute action en justice. Seuls les tribunaux espagnols où la société a son siège social seront compétents.
La responsabilité de la société Manon ne pourra en aucun être mise en œuvre en cas de non-exécution ou de retard dans l'exécution de l'une de ses obligations décrites dans les présentes conditions générales de vente.

Annexe 2

Le point de départ du délai de rétractation

Le consommateur bénéficie d'un délai de quatorze jours pour se rétracter, à partir du lendemain de la réception du bien pour les ventes de biens et à partir du lendemain de l'acceptation de l'offre dans le cas des prestations de service. Quand le délai expire un samedi, un dimanche ou un jour férié, il est prorogé jusqu'au prochain jour ouvrable.

Pas de clic-clic à la légère !

ANNEXE 3

Loi Hamon et e-commerce

La loi Hamon, publiée en mars 2014 au *Journal Officiel*, couvre de nombreux sujets relatifs à la consommation. […] Mais le volet qui est entré en vigueur le 13 juin [2014] concerne avant tout les sites d'e-commerce. […]

L'information au centre de la réforme

Le principal changement apporté par la loi est la nécessité pour le commerçant d'informer l'éventuel acheteur sur son identité, les caractéristiques du produit et les conditions d'achat.

• Obligation d'information avant l'achat : le commerçant s'engage à informer le client des différentes conditions d'achat et ce avant que toute opération de paiement ne soit commencée. Il lui faut ainsi renseigner le prix, l'identité et les coordonnés exactes du vendeur, les différentes caractéristiques de l'objet ou moyens de paiement.

• Le client doit être pleinement conscient du paiement, ce qui requiert son acceptation expresse et ce avant le paiement à proprement parler.

• La confirmation de commande : tous les sites doivent fournir, une fois l'achat effectué, un résumé des différentes informations de l'achat. La loi précise qu' « un support durable » est nécessaire, ce qui sous-entend un mail et non pas une simple fenêtre récapitulative sur le Web.

Les droits des consommateurs

La réforme veille également aux droits des consommateurs, qui peuvent se sentir lésés face aux pratiques de certains sites d'e-commerce. Que ce soit sur les délais, l'*opt-in* ou les frais de port, la loi penche ici en faveur du consommateur.

• Frais de port : les frais de transport sont à la charge du client (ce qui lui sera évidemment précisé avant l'achat).

• *Opt-in* : il n'est plus possible de cocher automatiquement les options ajoutant d'autres produits pour le consommateur. De la même manière, dans le cas de différents canaux de livraison disponible, c'est le moins cher qui doit être coché par défaut.

• Délais : la loi Hamon change un certain nombre de contraintes pour les délais. Le délai de rétractation pour le client passe à 14 jours. La commande, elle, devra être livrée dans un délai de 30 jours et, en cas de renvoi, le vendeur aura l'obligation de rembourser l'achat sous 15 jours.

Louis Adam, www.zdnet.fr

ANNEXE 4

Spams par SMS : sanction confirmée pour une société immobilière

Le groupe Diagnostic Santé Environnement (DSE-France), spécialisé dans l'expertise immobilière et en cours de liquidation selon Societe.com, a, pendant plusieurs années, envoyé des centaines de milliers de SMS à des particuliers pour leur proposer ses services.

Il achetait des fichiers à des sociétés spécialisées dans la « pige immobilière » : elles récupéraient les coordonnées de propriétaires qui passaient des petites annonces pour vendre leur bien, manifestement sans recueillir au préalable leur consentement.

DSE-France utilisait les numéros de téléphone pour envoyer des SMS proposant toutes sortes de diagnostics obligatoires en cas de vente (plomb, amiante, performance énergétique…), sans, non plus, avoir au préalable obtenu le consentement des destinataires.

La prospection litigieuse entrait dans le champ de l'article L.34-5 du Code des postes et télécommunications électroniques, selon lequel « *est interdite la prospection directe au moyen d'un automate d'appel, d'un télécopieur ou d'un courrier électronique utilisant, sous quelque forme que ce soit, les coordonnées d'une personne physique qui n'a pas exprimé son consentement préalable à recevoir des prospections directes par ce moyen* ».

En outre, les SMS ne contenaient pas les informations exigées par l'article 32 de la loi du 6 janvier 1978 (identité du responsable, finalité poursuivie, caractère obligatoire ou facultatif des réponses…).

Le Conseil d'État a constaté que DSE-France « *n'établit pas que le respect du droit à l'information imposé par la loi aurait été matériellement impossible ou qu'il aurait exigé de sa part des efforts disproportionnés par rapport à l'intérêt de la démarche* ».

L'article 38 de la loi du 6 janvier 1978, enfin, dispose que toute personne physique a le droit, pour des motifs légitimes, de s'opposer sans frais à ce que des données à caractère personnel la concernant fassent l'objet d'un traitement. Or, les prospects ne pouvaient s'opposer au démarchage dont ils étaient l'objet qu'en adressant un SMS ou un appel téléphonique payant à des numéros figurant dans le message reçu.

http://sosconso.blog.lemonde.fr, 7 mai 2015.

Sens de la leçon

L'offre commerciale et le contrat électroniques

1 Les risques d'intrusion liés à l'offre commerciale électronique nécessitent un cadre juridique protecteur

- La loi Informatique et Libertés
- La Loi pour la confiance dans l'économie numérique (LCEN) de juin 2004
- La directive européenne de 2011 relative aux droits des consommateurs entrée en vigueur en France en juin 2014 (loi Hamon)
- Les principes de l'*opt-in* et de l'*opt-out* réglementés par les droits français et européen
- Le règlement général sur la protection des données (RGPD) depuis mai 2018

2 Les obligations des cybermarchands ont pour objectif de protéger les cyberconsommateurs

- Respect de l'ordre public
- Respect de la vie privée (loi Informatique et Libertés) et de la protection des données (RGPD)
- Obligation de loyauté et de transparence

3 Les spécificités du contrat protègent les cyberconsommateurs dans le droit national et dans le droit européen

Formation du contrat

- L'information précontractuelle
- Des étapes à suivre pour conclure le contrat
- L'acceptation du contrat *via* la règle du double clic
- Des moyens techniques pour corriger en cas d'erreur.

Exécution du contrat

par le vendeur

- La présomption de responsabilité du cybervendeur
- La bonne exécution des obligations résultant du contrat
- La livraison sous 30 jours.

par le consommateur

- Le règlement conditionne la formation du contrat.
- Le droit de rétractation s'effectue sous 14 jours.

Critères de détermination de la loi applicable

- Libre choix des parties
- À défaut, la loi applicable est celle du pays où se situe le domicile du cocontractant au moment de la conclusion du contrat.

2 Les productions immatérielles

Éléments du droit positif : 422-1 et 422-2

- Droit d'auteur et univers numérique : régime général, droits des auteurs, défense du droit
- Droit des créations numériques : bases de données, sites Internet

Les compétences attendues	Le plan du chapitre
• Déterminer les moyens de protection à mettre en œuvre dans une situation donnée et en apprécier la pertinence	I – Les droits d'auteur
• Caractériser les éléments principaux d'une protection et son évolution	II – L'évolution des droits d'auteur dans l'univers numérique III – Le droit des créations numériques A • Les bases de données B • Les sites Internet

Mise en situation

Victor, auteur de manuels scolaires, se rend compte que les sujets d'entraînement aux examens qu'il a créés circulent sur Internet ; en conséquence de quoi, il va être privé d'une partie des droits d'auteur qu'il aurait dû percevoir pour ce travail. Comment peut-il protéger ses droits ?

I Les droits d'auteur

Document 1 *La composition du droit d'auteur*

Le socle législatif du droit d'auteur : les lois du 11 mars 1957 et du 3 juillet 1985

Le **Code de la propriété intellectuelle** reconnaît en tant qu'auteur toute personne physique qui crée une œuvre de l'esprit quels que soient son genre (littéraire, musical ou artistique), sa forme d'expression (orale ou écrite) et sa finalité (but artistique ou utilitaire).

On distingue **deux types de droits :**

Le droit patrimonial
C'est le droit exclusif d'exploitation accordé à l'auteur.

Le droit patrimonial s'exerce pendant **toute la vie de l'auteur** puis il appartient à ses héritiers les **70 années suivantes** (ex. : pour un auteur mort le 1er juin 2010, le délai court à partir du 1er janvier 2011 et l'œuvre ne tombera dans le domaine public que le 1er janvier 2081).

Le droit patrimonial comprend :
– un **droit de représentation**, en autorisant ou non la diffusion publique de l'œuvre (projection publique, télédiffusion…) ;
– un **droit de reproduction**, en autorisant ou non la reproduction de l'œuvre.
Ces deux droits sont cessibles par contrat écrit rédigé par l'auteur précisant les conditions et la durée de la cession des droits.

Le droit moral
L'auteur jouit du droit au respect de son nom et de son œuvre.

Ce droit est **imprescriptible** (durée illimitée), **inaliénable** (non cessible à un tiers) et **perpétuel** (transmissible aux héritiers).
Lorsqu'une œuvre tombe dans le domaine public, il faut, lors de son utilisation, citer son nom et celui de son auteur et en respecter l'intégrité. À défaut, les héritiers peuvent réclamer des dommages et intérêts.

Questions

1. Quels sont les deux droits dont jouissent les auteurs sur leur œuvre ? En quoi consistent-ils ?
2. Quelle est la durée de chacun de ces deux droits ? Comment expliquez-vous cette différence ?

Document 2 *Les conditions de la protection du droit d'auteur*

La **protection légale** s'applique aux créations intellectuelles qui répondent au **critère d'originalité de la forme.** Toute œuvre de l'esprit doit, pour bénéficier de la protection légale, satisfaire à deux exigences :

Une concrétisation formelle de l'œuvre
Toute création intellectuelle doit, pour bénéficier de la protection du droit d'auteur, être matérialisée dans une forme qui la rende matériellement perceptible. Le droit d'auteur protège la forme de l'expression littéraire ou artistique et non les idées, les concepts ou les méthodes qui sont à la base de la création, lesquels sont de libre parcours et ne peuvent faire l'objet d'une appropriation privative.

Une forme originale
L'originalité est la condition nécessaire et suffisante pour bénéficier de la protection du droit d'auteur. L'originalité est l'expression juridique de la créativité de l'auteur, elle est définie comme l'empreinte de sa personnalité. La condition d'originalité est une notion relative, les juges appréciant le caractère original de l'œuvre au cas par cas ; elle se distingue de la notion de nouveauté entendue objectivement.

www.culture.gouv.fr

Questions

3. Relevez les deux exigences de la protection légale des œuvres de l'esprit.
4. Donnez des exemples d'œuvres protégées classiques et plus virtuelles.

Document 3 *Les prérogatives menacées de l'auteur*

Les propriétaires d'une charcuterie, amis avec un artiste-peintre, lui avaient acheté un tableau représentant la vue de leur jardin. Par la suite, le couple de commerçants a décidé qu'il deviendrait le signe distinctif de leur fonds de commerce. Dans un premier temps, ils l'ont fait imprimer sur leurs emballages alimentaires, puis l'ont utilisé pour leur site Internet, leur véhicule utilitaire, la devanture de leur boutique et enfin, ils l'ont reproduit sur tous leurs supports publicitaires (sacs à provision, panneaux et affichettes publicitaires).
Par un jugement, le TGI de Paris les a condamnés à verser à l'artiste-peintre 3 000 € de dommages-intérêts pour atteinte aux droits patrimoniaux en raison de la reproduction du tableau alors qu'ils n'étaient pas titulaires des droits d'auteur sur celui-ci. Le tribunal a rappelé que la cession du support matériel de l'œuvre n'emporte pas celles des droits. Il a par ailleurs considéré qu'ils avaient porté atteinte à l'intégrité du tableau en ne le reproduisant pas dans son intégralité ou en le déformant. Pour les juges, ils ont également porté atteinte à l'esprit de l'œuvre en l'associant au commerce de spécialités charcutières, « lequel n'a aucun rapport avec l'art pictural ni le sujet du tableau ».

Questions

5. Expliquez les faits et précisez en quoi les prérogatives de l'auteur ont été violées.
6. En quoi y a-t-il eu atteinte aux droits patrimoniaux ?

II L'évolution des droits d'auteur dans l'univers numérique

Document 4 *La mort des droits d'auteur ?*

Les internautes français préfèrent écouter de la musique sur YouTube.

Alors qu'on aurait pu penser que les internautes se tourneraient en priorité vers les services dédiés à la musique, comme Spotify ou Deezer, pour écouter leurs morceaux préférés, ce sont YouTube et Dailymotion qui se taillent la part du lion : 49 % des sondés y vont « souvent ». [...] Le défaut [de ces sites], [une qualité sonore souvent médiocre pour les mélomanes], est compensé par trois atouts de taille : la gratuité de l'écoute, qui est illimitée, et un immense catalogue qui est accessible dans le monde entier. De nombreuses œuvres sont en effet introuvables sur les plateformes légales de musique, ou ne sont autorisées à l'écoute que dans certains pays pour des questions de droits. Les fans mettent alors en ligne sur YouTube ces albums pour permettre à tout le monde de les écouter. Cette pratique est tolérée depuis peu par le site américain, qui, en échange, impose le visionnage d'une publicité à chaque lecture. Les revenus publicitaires générés permettent alors de rémunérer les artistes concernés au nom du droit d'auteur.

Chloé Woitier, www.lefigaro.fr

Le monde entier regarde les séries américaines, pas toujours légalement.

« Les gens en dehors des États-Unis peuvent télécharger des copies piratées des nouvelles séries quelques minutes seulement après leur lancement, par l'intermédiaire de sites Internet de partage », explique à l'AFP [Tim Westcott, analyste dans un cabinet de conseil des médias basé à Londres]. « Le piratage est devenu un souci pour la télévision comme il l'est pour le cinéma », renchérit Beth Braen, de l'Association américaine des directeurs de programmes. [...]
Comparant le piratage télévisé au piratage musical, les spécialistes soulignent que les producteurs de télévision vont devoir à leur tour trouver le moyen de convaincre les téléspectateurs de regarder légalement ces séries. [...] Mais ces services sont une goutte dans l'océan des contenus téléchargés illégalement. « Tout le monde est d'accord pour constater la crise, mais personne ne sait vraiment quoi faire pour y remédier », estime M. Gray.

www.leparisien.fr

Questions

1. Expliquez ce que permet de faire la technologie numérique.
2. En quoi est-elle une menace pour les droits d'auteur ?

Document 5 *Avertissement de l'Hadopi (Haute Autorité pour la diffusion des œuvres et la protection des droits sur Internet) – Date : 11 août 2015*

Madame, Monsieur,
Il a été constaté le vendredi 18 juillet 2018 à 13 heures 38, qu'une ou plusieurs œuvres ont été téléchargées ou partagées depuis votre accès à Internet, en violation des droits d'auteur. Ces faits peuvent constituer une infraction pénale. En tant que titulaire d'un abonnement à Internet, vous êtes légalement responsable de l'utilisation qui en est faite. Les faits constatés ont été commis avec le(s) logiciel(s)/protocole(s) uTorrent, depuis l'adresse IP xxx, attribuée à votre connexion par votre fournisseur d'accès.
Le téléchargement illégal, appelé couramment « piratage », prive les créateurs de leur rétribution et représente un danger pour l'économie du secteur culturel ; or, il existe de nombreuses offres légales sur Internet. [...]
Si, malgré les avertissements de l'Hadopi, votre accès à Internet était à nouveau utilisé pour des mises en partage ou des téléchargements illégaux, vous pourriez, à l'issue de la procédure suivie devant l'Hadopi, être poursuivi(e) devant le tribunal de police pour contravention de négligence caractérisée. Vous risquez alors une amende d'un montant maximal de 1 500 € (article R. 335-5 du Code de la propriété intellectuelle).

Questions

3. Quels sont les faits pour lesquels l'Hadopi envoie cet avertissement à un internaute ?
4. Quel risque représente le téléchargement illégal ?

III Le droit des créations numériques

A. Les bases de données

Document 6 *La protection des bases de données*

Quelle protection pour les bases de données en ligne ?

À l'origine, le constat était simple : d'importants moyens financiers et humains avaient été mis en œuvre par des personnes physiques ou morales pour la réalisation de bases de données, mais aucun droit spécifique n'existait pour protéger le fruit de leurs investissements. [...] Au final, une protection spécifique et efficace : la loi du 1er juillet 1998 transpose dans le code de la propriété intellectuelle (CPI) la directive européenne du 11 mars 1996 [...].

Une protection sous conditions

Trois éléments conditionnent la protection des bases de données en ligne par le droit.

1) Il doit y avoir base de données au sens de l'article L. 112-3 du CPI : « un recueil d'œuvres, de données ou d'autres éléments indépendants, disposés de manière systématique ou méthodique, et individuellement accessibles ». Concrètement, les annuaires en ligne, quel que soit le type de données traitées (coordonnées d'abonnés, informations sur les entreprises, petites annonces, adresses électroniques), les compilations de données (photographies, fichiers musicaux, etc.), les moteurs de recherche ou encore certains sites Internet, entrent dans la définition légale.

2) Seul le producteur de la base bénéficie de la protection. Il s'agit, au sens de l'article L. 341-1 du CPI, de « la personne physique ou morale qui a pris l'initiative et le risque des investissements correspondants ». [...]

3) Le producteur de la base doit prouver qu'il a réalisé « un investissement financier, matériel ou humain substantiel pour la constitution, la vérification ou la présentation de la base de données ». La preuve de cet investissement pourra être établie par des factures ou des contrats de travail. [...]

www.journaldunet.com

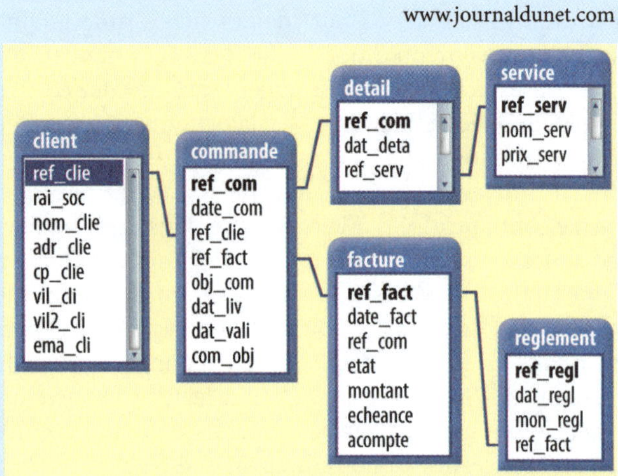

Questions

1. En quoi consiste une base de données ?
2. À qui bénéficie la protection ? Que doit prouver le producteur de la base de données pour être protégé ?

Document 7 *Les fautes grammaticales qui démontrent l'extraction de la base de données*

Reproduire sur son site 40 modèles de jantes du catalogue d'un site concurrent constitue une atteinte aux droits du producteur de base de données, a estimé le TGI de Paris […]. Pour parvenir à cette conclusion, le tribunal s'est appuyé sur un constat […] qui démontre l'extraction et la reproduction des éléments de la base de données d'Auto Look Perfect par Car'Line.

L'agent assermenté avait choisi, de manière aléatoire, 7 modèles de jantes sur les 40 communs aux deux sites. Et il avait constaté la reprise des mêmes erreurs grammaticales, l'insertion du logo et l'apposition du filigrane d'Auto Look Perfect sur des vignettes de la société Perfect Car'Line. Par ailleurs, l'organisation de la base de données était identique sur les deux sites.

Encore fallait-il démontrer que le producteur avait consacré à la constitution de sa base de données des investissements humain ou financier. La société Auto Look a fait valoir que son gérant avait passé plus de 500 heures pour constituer cette base comprenant 1 600 modèles de jantes, classées selon leur compatibilité avec les marques de fabricants automobiles et de modèles de véhicules. Par ailleurs, elle a effectué des mises à jour régulières et justifie de 29 780 € d'un prestataire informatique. Eu égard à la taille de la société, dont le capital social s'élève à 7 500 €, le tribunal a jugé que les investissements financier et humain étaient importants. […] Le tribunal fixe le préjudice né de l'atteinte aux investissements et à l'image d'Auto Look Perfect à 5 000 €. […]

www.legalis.net

Questions

3. Qualifiez les faits.
4. Quelles sont les constatations qui sont faites ?
5. Qu'est-ce qui devait être démontré en plus de ces constatations ? Pourquoi ? Justifiez votre réponse.
6. Qu'a décidé le tribunal ?

B. Les sites Internet

Document 8 *Le site Internet : une création, pas une copie servile*

Quels sont les éléments permettant au juge de retenir la contrefaçon d'un site Internet et de prononcer des sanctions ?

Un site (zone-privee.com) avait copié un autre site (vente-privee.com) tout en ayant déposé un nom de domaine très proche. […] Estimant que la structuration générale du site litigieux était quasiment identique à son site (même emplacement du logo, même emplacement du menu de navigation, même emplacement de la zone d'illustration, des ventes annoncées, le contenu ayant également été repris de manière quasiment intégrale), la société Vente-privee.com SA a assigné en justice la société concurrente pour actes de concurrence déloyale et de parasitisme commercial à son encontre. […] Le juge conforte la demanderesse dans son action en retenant que « le site litigieux reproduit de manière quasi identique l'architecture du site de la demanderesse, soit le fond blanc des pages, la répartition des couleurs, seul l'orangé remplaçant le rose et seuls les logos se différenciant pour l'essentiel, la présentation des annonces de vente utilisant un mode et une police sensiblement identiques ». Il ajoute dans son attendu qu'au « regard de la rapidité avec laquelle l'exploitation du site a été lancée, il est évident qu'en procédant à ces reproductions ou imitations, la société défenderesse a fait l'économie d'un important investissement […] ».

www.net-iris.fr

Questions

7. De quoi se compose un site Internet ?
8. Que retient le juge pour déclarer que le site litigieux est une copie servile ?
9. En quoi peut-on dire qu'un site Internet est une œuvre protégeable par le droit d'auteur ? Comment peut-on le protéger sur le plan juridique ?

Entraînement à la rédaction d'une note structurée

Les compétences attendues

- Déterminer les moyens de protection à mettre en œuvre dans une situation donnée et en apprécier la pertinence.
- Caractériser les éléments principaux d'une protection et son évolution.

Clara Andino, la chef d'entreprise auprès de laquelle vous effectuez votre stage, vient de découvrir qu'un site Internet concurrent a reproduit en toute impunité le contenu de son propre site marchand.

Elle reproche à ce concurrent non seulement une reprise servile du mode de fonctionnement de son site (notamment ses couleurs, son architecture, l'inscription à un club en qualité de membre, le mode de parrainage et l'octroi de bons d'achat, la présentation des tendances de mode, le blog), mais aussi la récupération d'un large extrait d'un livre qu'elle a écrit et publié sur ledit site.

Elle vous demande de lui présenter d'une part, les règles relatives aux droits d'auteur et, d'autre part, celles qui s'appliquent aux sites Internet.

Question

À l'aide de vos connaissances et des annexes, traitez cette situation juridique.

- Proposez, dans une note structurée, une réponse à cette responsable d'entreprise.

Annexe 1

Le droit d'auteur

L'article L. 111-1 du Code de la propriété intellectuelle dispose que l'auteur d'une œuvre de l'esprit jouit sur cette œuvre, du seul fait de sa création, d'un droit de propriété incorporelle exclusif et opposable à tous, comportant des attributs d'ordre intellectuel et moral ainsi que des attributs d'ordre patrimonial.
Le droit à la protection est reconnu à l'auteur de toute œuvre de l'esprit, quels qu'en soit le genre, la forme d'expression, le mérite ou la destination (principe de la protection d'une œuvre sans formalité et du seul fait de la création d'une forme originale).

Annexe 2

Les éléments du site Internet

L'originalité d'un site de vente en ligne de pneus a été retenue en raison des caractéristiques suivantes :
- une charte graphique, composée de blanc, de bleu et de gris avec des touches d'orange, les couleurs emblématiques du site étant le noir et l'orange pour rappeler la marque déposée par le site, les visuels de sa page d'accueil comme la pile de pneus ;
- des fonds de page apparaissant sur les côtés, composés d'éléments visuels et textuels, variant selon les événements ou les saisons ;
- l'apparition, en bas de chaque page, d'un encadré comportant plusieurs nuances de gris (une des couleurs du logo) comportant les principales informations contenues sur le site Internet ;
- une architecture avec la présentation des produits dans des encarts de couleurs vives, un bouton d'achat d'une couleur orange dégradée ;
- des fiches produits avec des encadrés originaux ;
- un processus d'achat et l'affichage d'une fenêtre « pop-up » particulière au moment de l'ajout d'un produit dans le panier, la mise en avant des avis des clients et fournisseurs, ainsi que le système de notation des produits en étoiles et représentés dans un graphique bleu en forme de toile d'araignée présentant les notes attribuées.

http://actualitesjuridiquesuplexfr.20minutes-blogs.fr

Les e-droits d'auteur

Annexe 3

Contrefaçon de site Internet établie

La combinaison de l'ensemble [des] différents éléments caractérisant la charte graphique, l'identité visuelle, l'architecture du site www.allopneus.com est le fruit de choix précis et cohérents et d'un parti pris esthétique qui démontraient l'empreinte de la personnalité de son auteur. En effet, la combinaison de l'ensemble de ces éléments, au travers du choix arbitraire et précis des couleurs, de leurs dégradés comme de la place des photographies, logos ou textes sur la page Internet ou encore des systèmes de notation ou de présentation des produits novateurs était originale. [...]

300 000 euros de dommages et intérêts

Il a été jugé que la société 1001 pneus avait fait évoluer la présentation de ses sites par une reprise quasi servile des caractéristiques du site Allopneus.

Le site en cause a repris les éléments les plus importants caractérisant la combinaison originale que constitue le site Allopneus.com (reprise des couleurs emblématiques de la marque, de la charte graphique, des titres bicolores, du logo 3xCB, du visuel de la pile de pneus, des blocs gris de bas de page, du système de notation des produits par étoiles et par graphiques « toile d'araignée »...).

Compte tenu des investissements que représente la création du site Internet copié avec une charte graphique cohérente et avec des éléments originaux et novateurs, les juges ont fixé le préjudice subi par la société Allopneus à la somme de 300 000 euros au titre de la contrefaçon de son site Internet.

http://actualitesjuridiquesuplexfr.20minutes-blogs.fr

Annexe 4

État de la jurisprudence

La copie servile de site Internet constitue une pratique sanctionnée par l'action en concurrence déloyale et parasitaire (ensemble des comportements par lesquels une entreprise s'immisce dans le sillage d'une autre afin de tirer profit de ses efforts et de son savoir-faire, sans rien dépenser ou en exposant des frais bien moindres que ceux auxquels elle aurait dû normalement faire face pour arriver au même résultat si elle n'avait pas bénéficié des efforts de l'autre). Les juges doivent vérifier que le site incriminé fait la reproduction (quasi) servile d'un autre site (ex. : similitude sur la présentation de la page d'accueil, la structure globale, le choix de dominantes de couleurs, l'ordonnancement et le titre des rubriques, un blog de discussion entre les responsables du site et les clients, etc.). Ce qui est sanctionné, c'est le fait de profiter, sans aucun investissement, de l'effort créatif, de l'imagination et de l'investissement initial puis quotidien d'un autre site marchand, et bénéficiant ainsi d'économies lui créant un avantage concurrentiel indu.

http://actualitesjuridiquesuplexfr.20minutes-blogs.fr

Sens de la leçon

Les productions immatérielles

1 Les droits d'auteur évoluent et s'adaptent à l'univers numérique.

Ces droits sont protégés par le monopole d'exploitation, qui regroupe :

- Un droit moral
  → Protection perpétuelle
- Des droits patrimoniaux :
  – droit de reproduction
  – droit de représentation
  → Protection durant la vie de l'auteur et 70 ans après sa mort

L'évolution du droit d'auteur dans l'univers numérique est caractérisée par :

- La fragilisation des droits d'auteur en raison du développement du numérique
- La construction d'une réglementation européenne et française

2 Le droit des créations numériques se fait hors des cadres traditionnels.

- Les bases de données sont considérées comme des œuvres de l'esprit protégées par le droit d'auteur.
- Les sites Internet se distinguent par leur caractère d'œuvre originale et les moyens de les protéger.

3 Il faut concilier aux niveaux national et européen :

- La protection des droits des auteurs sur leurs œuvres
- La diffusion des œuvres

3 La sécurisation des données à caractère personnel

Éléments du droit positif : 423-1

- **Données à caractère personnel : notion, traitement, règles de protection des droits de la personne, obligations des responsables du traitement, organes de contrôle**

Les compétences attendues	Le plan du chapitre
• Apprécier la légalité d'une situation au regard de la protection de la personne dans la sphère privée • Caractériser les éléments principaux de cette protection et son évolution • Rédiger et qualifier quelques clauses d'un document relatif à l'usage des TIC	**I – Le cadre juridique des données à caractère personnel** **II – Le rôle des autorités de régulation**

Mise en situation

Yamin remplit un formulaire détaillé pour accéder à son compte en banque en ligne et s'interroge sur les conséquences de cette procédure pour la sécurité de ses données personnelles : qui aura accès à ces informations à part lui ? Sa banque peut-elle les utiliser à des fins commerciales ? Quels seront ses droits s'il souhaite modifier les données le concernant ?

I Le cadre juridique des données à caractère personnel

DOCUMENT 1 *Définition des données personnelles*

L'article 4 du règlement général sur la protection des données (RGPD), entré en vigueur le 25 mai 2018 et qui renforce les droits des internautes et prévoit des sanctions inédites en cas d'abus des entreprises, définit ainsi les données personnelles : **toute information se rapportant à une personne physique identifiée ou identifiable. Est réputée être une « personne physique identifiable » une personne physique qui peut être identifiée, directement ou indirectement, notamment par référence à un identifiant, tel qu'un nom, un numéro d'identification, des données de localisation, un identifiant en ligne, ou à un ou plusieurs éléments spécifiques propres à son identité physique, physiologique, génétique, psychique, économique, culturelle ou sociale.**

DOCUMENT 2 *Comment contrôler ses données personnelles sur Internet ?*

Questions

1. Dites si chacun de ces éléments peut être considéré comme une donnée personnelle : nom, prénom, photo, date de naissance, statut matrimonial, adresse postale, e-mail, adresse IP, numéro de Sécurité sociale, numéro de téléphone, numéro de carte bancaire, plaque d'immatriculation du véhicule, empreinte génétique, élément d'identification biométrique.

2. Quels dangers court l'internaute qui envoie ses données personnelles *via* Internet ?

DOCUMENT 3 *Les menaces pesant sur les données à caractère personnel*

Vols de données : un fléau pour les entreprises

Les données sont devenues le carburant des entreprises. Côté face, leur analyse par des outils *big data* permet de renforcer leur développement économique. Côté pile, des informations sensibles sont mal protégées. De quoi entraîner de sérieuses pertes d'activité.

Réseau wi-fi, objets connectés, imprimantes réseau, salariés travaillant avec leur propre ordinateur... Pour les pirates et les officines spécialisées dans l'espionnage économique, les multiples connexions des entreprises sont du pain béni. Ce sont autant de pistes pour récupérer des données.

Tout le monde a encore en mémoire les vols dont a été victime Orange : l'opérateur téléphonique avait reconnu un nouveau vol de données personnelles chez quelque 1,3 million de clients et prospects, trois mois après une intrusion qui avait touché près de 800 000 d'entre eux. Quinze jours plus tard, c'était au tour d'eBay de reconnaître le piratage d'une de ses bases de données. (...)

www.techniques-ingenieur.fr

Question

3. Pourquoi peut-on dire que les TIC démultiplient les risques d'atteinte aux droits et libertés de la personne ?

Document 4 *Les dangers des fichiers nominatifs*

Une société spécialisée dans la mise en relation d'enseignants avec des parents d'élèves a été sanctionnée pour avoir constitué des fichiers de plusieurs milliers d'informations concernant des enseignants et des clients (parents ou élèves). Ont été ainsi découverts des commentaires excessifs, voire insultants, tels que « gros c... », « vraiment trop c... », « mère s... », « gros crétin », « s… de gamin », « Parisien frustré », « sent le tabac et la cave », « seul bémol : il pue » et d'autres sur l'état de santé des élèves, parents et enseignants, tels que « cancer du poumon tant mérité », « hospitalisé en urgence pour une tumeur cancéreuse au cerveau de grade 3 ». De plus, il est apparu que la société enregistrait des informations relatives à des infractions et des condamnations, telles que : « élève retourné en prison », « est mis en examen (je ne sais pas pourquoi) », « vols de sacs et argent avec un camarade, destruction de toilettes… ».

Questions

4. Quelles sont les données personnelles concernées dans ce document ? Quelles sont les pratiques dénoncées ?
5. Pourquoi de telles bases de données sont-elles dangereuses ?

Document 5 *Les données à caractère personnel encadrées*

Quels sont vos droits par rapport à vos informations personnelles ?

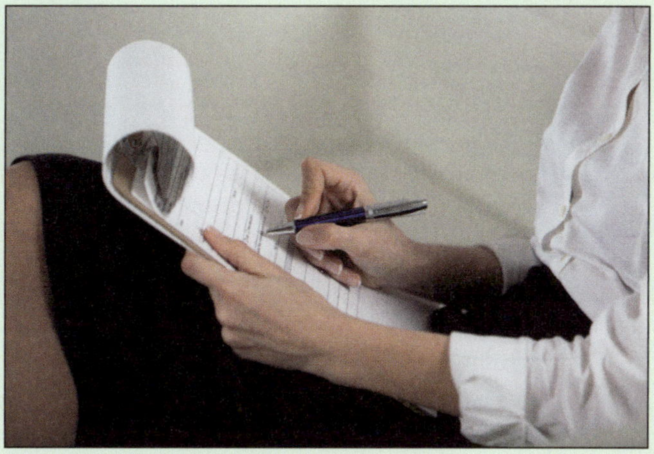

Conformément au droit communautaire, la collecte de données à caractère personnel n'est légale que dans des conditions strictes, et uniquement dans un but légitime. De plus, les personnes ou organisations qui collectent et gèrent vos informations personnelles sont tenues d'empêcher leur utilisation à mauvais escient et de respecter certains droits conférés aux propriétaires de ces données par le droit communautaire.

Le *big data* fait peur car nous sommes tous concernés par la collecte des données : informations communiquées sur les réseaux sociaux, sites visités, applications ouvertes, coordonnées GPS, bancaires, etc. Nos démarches se dématérialisent et nos données sont collectées, stockées, utilisées. C'est pourquoi avec une volonté unanime de protection de la vie privée, les États européens et les institutions interviennent pour éviter que nos données personnelles soient communiquées et communicables.
Ainsi, l'Union européenne a adopté, en 2016, le règlement général pour la protection des données (RGPD), appliqué de manière uniforme, dans tous les États européens, depuis le 25 mai 2018. Ce RGPD s'axe sur plusieurs principes : protection maximale des personnes dont les données sont collectées, obligations accrues pour les personnes collectant les données, etc.

Questions

6. Quelles conditions incontournables la législation européenne impose-t-elle pour la collecte de données ?
7. Comment l'Union européenne réagit-elle face à la circulation des données à caractère personnel ?

II Le rôle des autorités de régulation

Document 6 *L'autorité de référence : La CNIL*

La **CNIL** (Commission nationale de l'informatique et des libertés) est l'**autorité en charge de veiller à la protection des données personnelles.** À ce titre, elle dispose notamment d'un pouvoir de contrôle et de sanction.
Jouant aussi un rôle d'alerte et de conseil, elle a pour mission de veiller à ce que le développement des nouvelles technologies ne porte atteinte ni à l'identité humaine, ni aux droits de l'homme, ni à la vie privée, ni aux libertés individuelles ou publiques.

Informer et protéger
La CNIL est investie d'une mission générale d'information des personnes sur leurs droits et leurs obligations. Elle aide les citoyens dans l'exercice de leurs droits et veille à ce qu'ils soient correctement informés dans de nombreux domaines (travail, consommation, banque, administration, Internet, etc.).

Anticiper et réguler
La CNIL doit anticiper les développements technologiques pour pouvoir protéger efficacement les données. Elle régule et recense les fichiers, autorise les traitements les plus sensibles avant leur mise en place.

Contrôler et sanctionner
La CNIL contrôle les fichiers et s'assure du respect de la loi « Informatique et libertés ». En cas de manquement à la loi, elle peut infliger des sanctions financières aux responsables de traitements.

Questions

1. Quels sont les différents interlocuteurs de la CNIL ?
2. En quoi peut-on dire que la CNIL veille à la protection des données personnelles ?

Document 7 *La CNIL sanctionne*

La CNIL inflige une amende de 100 000 euros à Darty

Le groupe est sanctionné pour ne pas avoir suffisamment sécurisé les données des clients ayant eu recours au service après-vente en ligne. Une faille de sécurité qui coûte cher. La CNIL annonce avoir infligé une amende de 100 000 euros au groupe spécialisé dans la vente d'électroménager, de matériels informatiques et audiovisuels pour « ne pas avoir suffisamment sécurisé les données de clients ayant effectué une demande en ligne de service après-vente ». La CNIL précise qu'une « défaillance de sécurité [*repérée en février 2017*] permettait d'accéder librement à l'ensemble des demandes et des données renseignées par les clients de la société, *via* un formulaire en ligne de demande de service après-vente. Plusieurs centaines de milliers de demandes ou réclamations contenant des données telles que les nom, prénom, adresse postale, adresse de messagerie électronique ou numéro de téléphone des clients étaient potentiellement accessibles. »

https://lexpansion.lexpress.fr

Questions

3. Qualifiez les faits.
4. Formulez le problème de droit.
5. Quel est l'objectif de la sanction prononcée ?

Document 8 *Le délégué à la protection des données (ou DPO,* data protection officer)

En vertu de l'article 37 du RGPD, la désignation d'un délégué est obligatoire pour les organismes publics, ceux dont les activités de base les conduisent à réaliser un suivi régulier et systématique des personnes à grande échelle, ou à traiter à grande échelle des données dites « sensibles » ou relatives à des condamnations pénales et infractions. En dehors de ces cas, la désignation est conseillée.
Ce « chef d'orchestre » de la conformité en matière de protection des données est principalement chargé d'informer et de conseiller le responsable de traitement ou le sous-traitant, de contrôler le respect du règlement et du droit national en matière de protection des données, de conseiller l'organisme sur la réalisation d'une analyse d'impact relative à la protection des données et d'en vérifier l'exécution et de coopérer avec l'autorité de contrôle.

www.journaldunet.fr

Question

6. En quoi le délégué à la protection des données est-il le « chef d'orchestre » de la conformité du traitement des données ?

Document 9 *Les droits renforcés par le RGPD*

Avec le RGPD de 2018, la législation a abandonné l'obligation de déclaration préalable à la CNIL de tout traitement de données personnelles.

Principe de transparence : les personnes concernées doivent être informées à leur demande et de façon complète du traitement qui sera fait de leurs données à caractère personnel.
Droit d'accès : toute personne justifiant de son identité a le droit d'interroger les services ou organismes chargés de mettre en œuvre les traitements. La demande des personnes physiques n'a pas à être motivée.
Consentement : le consentement doit être donné par un acte positif clair par lequel la personne concernée manifeste de façon libre, spécifique, éclairée et univoque son accord au traitement des données. Le consentement peut être retiré à tout moment par les personnes le demandant. Pour le commerce en *B to B*, la collecte du consentement n'est pas obligatoire si la finalité professionnelle de la collecte est bien respectée (les cases pré-cochées sont autorisées seulement dans ce cas).
Droit à la portabilité : ce droit permet aux utilisateurs de récupérer leurs données personnelles dans un format lisible pour les stocker ou les transmettre à un tiers, par exemple une entreprise concurrente.
Droit à la rectification, à l'effacement (à l'oubli) : ce droit permet d'exiger d'un organisme la rectification, la suppression des données à caractère personnel des personnes concernées dans les plus brefs délais.
Droit d'opposition : toute personne a le droit de s'opposer, pour des raisons légitimes, à ce que des informations nominatives la concernant fassent l'objet d'un traitement.
Limitation de la conservation des données : les données personnelles ne doivent être conservées que pendant une durée n'excédant pas celle nécessaire au regard des finalités du traitement correspondant.

Le RGPD prévoit qu'une entreprise défaillante encourt une sanction pouvant s'élever jusqu'à 20 millions d'euros ou 4 % de son chiffre d'affaires mondial.

Question **7.** Quel est l'objectif du RGPD au travers de tous ces droits ?

Document 10 *Données personnelles: le nombre de plaintes à la CNIL a explosé*

Depuis l'entrée en vigueur du règlement européen sur la protection des données, la CNIL, qui veille notamment sur les données personnelles des Français, a enregistré une hausse « de plus de 100 % » des plaintes. Ces dernières « concernent principalement Internet et le commerce ». (…) Quelques plaintes ont été déjà rendues publiques par leurs auteurs, comme les plaintes collectives déposées le 28 mai contre Google, Apple, Facebook, Amazon et Microsoft (GAFAM), à l'initiative de l'association de défense des internautes « La Quadrature du Net », qui prétend que la manière dont les GAFAM demandent leur consentement aux utilisateurs pour utiliser leurs données n'est pas conforme aux exigences de la législation européenne.

www.ouest-france.fr, 29 juin 2018.

Question **8.** Comment justifier une telle augmentation des plaintes déposées à la CNIL ?

Document 11 *L'exercice du droit d'accès*

Madame, Monsieur,

Je vous prie de bien vouloir m'indiquer si des données me concernant figurent dans vos fichiers informatisés ou manuels. Dans l'affirmative, je souhaiterais obtenir une copie, en langage clair, de l'ensemble de ces données (y compris celles figurant dans les zones « blocs-notes » ou « commentaires »), en application de l'article 15 du Règlement général sur la protection des données (RGPD).

Je vous remercie de me faire parvenir votre réponse dans les meilleurs délais et au plus tard dans un délai d'un mois à compter de la réception de ma demande (article 12.3 du RGPD).

Je vous prie d'agréer, Madame, Monsieur, l'expression de mes salutations distinguées.

www.cnil.fr

Question **9.** Que doit faire l'entreprise qui reçoit ce courrier ? dans quel délai ?

Entraînement à l'analyse d'une situation juridique

Les compétences attendues

- Apprécier la légalité d'une situation au regard de la protection de la personne dans la sphère privée.
- Caractériser les éléments principaux de cette protection et son évolution.
- Rédiger et qualifier quelques clauses d'un document relatif à l'usage des TIC

Touria reçoit par mail une offre commerciale de la part de la société FIC International pour des services d'assurance destinés essentiellement à des ressortissants étrangers (assurances Visa, assistance, rapatriement). Elle est surprise du procédé et décide de contacter cette société. Au téléphone, un salarié un peu naïf lui indique que les informations personnelles récoltées sur elle ont été acquises par FIC International auprès de la société NETinfo *via* un fichier faisant apparaître les origines raciales ou ethniques des personnes. Ce fichier est constitué d'après la consonance des noms puisés dans des annuaires et à partir desquels était déduite l'origine supposée des personnes (Afrique, Maghreb).

Questions

À l'aide de vos connaissances et des annexes, traitez ces situations juridiques.

1. Appréciez la légalité des agissements des sociétés FIC International et NETinfo (annexe 1).
2. Touria et son époux se sont inscrits auprès d'une agence immobilière pour rechercher un appartement. Le document à remplir par Touria pour donner mandat à l'agence précise qu'il lui est demandé d'accepter de recevoir différentes offres. Il indique aussi que l'agence souhaite pouvoir communiquer ses coordonnées personnelles à des tiers (aidant l'agence dans sa prospection). Rédigez la clause qui permettra à Touria d'exercer son droit d'opposition auprès de cette agence (annexe 2).
3. À la suite d'un défaut de sécurisation des données clients de l'agence immobilière, Touria apprend qu'il est mentionné à leur propos : « Monsieur ne s'exprime pas très bien, peut-être malade ». Elle souhaite contester cette pratique qu'elle juge inacceptable. Appréciez la légitimité de sa demande (annexe 3).

Annexe 1

Loi n° 78-17 du 6 janvier 1978 relative à l'informatique, aux fichiers et aux libertés

Article 1
L'informatique doit être au service de chaque citoyen.
Son développement doit s'opérer dans le cadre de la coopération internationale.
Elle ne doit porter atteinte ni à l'identité humaine, ni aux droits de l'homme, ni à la vie privée, ni aux libertés individuelles ou publiques.

Article 8
I. – Il est interdit de collecter ou de traiter des données à caractère personnel qui font apparaître, directement ou indirectement, les origines raciales ou ethniques, les opinions politiques, philosophiques ou religieuses ou l'appartenance syndicale des personnes, ou qui sont relatives à la santé ou à la vie sexuelle de celles-ci. […]

RGPD, applicable depuis mai 2018

Il rappelle que les données dites sensibles concernent l'origine raciale ou ethnique, les opinions politiques, philosophiques ou religieuses, l'appartenance syndicale, la santé ou la vie sexuelle. Par principe, la collecte et le traitement de ces données sont interdits, sauf consentement spécifique ou cas particuliers. Il est aussi interdit de stocker des commentaires inappropriés sur un individu, du type insultes ou jugement de valeur.

Surfez, vous êtes tracé !

Annexe 2

Droit d'opposition : que dit le RGPD ?

Article 21 – Droit d'opposition

La personne concernée a le droit de s'opposer à tout moment, pour des raisons tenant à sa situation particulière, à un traitement des données à caractère personnel la concernant fondé sur l'article 6, paragraphe 1, point e) ou f), y compris un profilage fondé sur ces dispositions. Le responsable du traitement ne traite plus les données à caractère personnel, à moins qu'il ne démontre qu'il existe des motifs légitimes et impérieux pour le traitement qui prévalent sur les intérêts et les droits et libertés de la personne concernée, ou pour la constatation, l'exercice ou la défense de droits en justice.
Lorsque les données à caractère personnel sont traitées à des fins de prospection, la personne concernée a le droit de s'opposer à tout moment au traitement des données à caractère personnel la concernant à de telles fins de prospection, y compris au profilage dans la mesure où il est lié à une telle prospection.
Lorsque la personne concernée s'oppose au traitement à des fins de prospection, les données à caractère personnel ne sont plus traitées à ces fins. (...)

Annexe 3

Boulanger épinglé pour ses fichiers clients

[...] « N'a pas de cerveau », « alcoolique » [...] : voilà le genre de commentaires que la société Boulanger enregistrait dans ses fichiers au sujet de certains clients. Mais la CNIL a mis en demeure jeudi l'entreprise de mettre un terme à ces commentaires « excessifs ».

Un outil informatique et des abus

La société Boulanger a mis à disposition de son réseau un outil informatique permettant aux salariés d'ajouter des commentaires sur les fiches des clients. Jusque-là, rien d'illégal. Mais à la suite d'une plainte, la CNIL a eu la surprise de « relever plusieurs manquements à la loi Informatique et Libertés » en examinant les fichiers d'un des magasins de la société.

Des commentaires déplacés

Les enquêteurs ont notamment relevé pas moins de 5 828 commentaires sur des clients qualifiés de « non pertinents ». Un euphémisme au vu des commentaires relevés : « client c..... », « très c.. », « n'a pas de cerveau », « grosse c... qui se croit tout permis », « casse-c... », « folle », [...], « problème cardiaque » ou encore « alcoolique »...
« Si le recours à l'utilisation de zones de commentaires libres n'est pas interdit dans la mesure où il permet le suivi des dossiers clients, les informations renseignées doivent être objectives et en relation avec la prestation commerciale », rappelle le gendarme français de l'informatique. « Elles doivent surtout ne pas porter atteinte à l'image de la personne », souligne la CNIL, pour qui il revient à l'entreprise de « prendre toutes les mesures pour que ses salariés respectent effectivement ces règles ».

Des cookies sans accord

Sur le site Internet, la CNIL a par ailleurs relevé le dépôt de *cookies* – ces fichiers informatiques de traçage – à finalité publicitaire dès l'arrivée sur la page d'accueil, ainsi que la conservation des données enregistrées dans certains de ces *cookies* pendant des durées pouvant aller jusqu'à 15 ans. La CNIL relève « un manquement à l'obligation d'informer et d'obtenir l'accord préalable des personnes concernées ». [...]

www.europe1.fr

Sens de la leçon

La sécurisation des données à caractère personnel

1 Les TIC démultipliant les risques d'atteinte aux droits et aux libertés, les droits européen et national :

Précisent la notion de données à caractère personnel : « toute information relative à une personne physique identifiée ou qui peut être identifiée, directement ou indirectement, par référence à un numéro d'identification ou à un ou plusieurs éléments qui lui sont propres ».

Fixent des règles pour contrer les menaces pesant sur les libertés individuelles et les données à caractère personnel.
Le règlement général pour la protection des données (RGPD) est entré en vigueur le 25 mai 2018 pour protéger les personnes dont les données sont collectées et accroître les obligations des entreprises en matière de traitement des données.

2 Des autorités de régulation veillent à la protection et à la sécurisation des données.

La CNIL
Commission nationale de l'informatiqueet des libertés
Autorité administrative indépendante chargée de vérifier que l'informatique est au service des citoyens.

Le DPO
Délégué à la protection des données
Indépendant ou salarié d'une entreprise chargé de faire le lien avec la CNIL en gérant les données collectées détenues par l'entreprise.

3 Les personnes disposent de droits pour se protéger.

- Principe de transparence
- Droit d'accès
- Consentement express
- Droit à la portabilité
- Droit d'opposition
- Limitation de la conservation des données
- Droit à la rectification, à l'effacement (à l'oubli)

4 Les TIC dans la relation employeur/salarié

Éléments du droit positif : 423-2 et 423-3

- **Respect des données à caractère personnel collectées lors de la conclusion et de l'exécution du contrat de travail**
- **Statut des formes particulières de travail salarié : application des règles générales du droit social ; aménagements spécifiques**

Les compétences attendues	Le plan du chapitre
• Apprécier la légalité d'une situation au regard de la protection de la personne dans la sphère professionnelle • Caractériser les éléments principaux de cette protection et son évolution • Rédiger et qualifier quelques clauses d'un document relatif à l'usage des TIC	**I – L'usage des TIC durant le recrutement** **II – L'usage des TIC durant l'exécution du contrat de travail** **III – L'impact des TIC sur l'organisation du travail**

Mise en situation

Emma, salariée, utilise Internet durant ses temps de pause, mais elle est parfois tentée d'en user aussi pendant son temps de travail. Son employeur peut-il contrôler ses agissements sur le lieu de travail ? Peut-il la sanctionner pour ces faits ?

I L'usage des TIC durant le recrutement

Document 1 *Quand les employeurs demandent à voir les profils Facebook en entretien*

Aux États-Unis, les recruteurs se tournent directement vers Facebook, qui regorge d'informations personnelles. […] Qu'en est-il en France ? L'article L.1221-6 du Code du travail dispose : « *Les informations demandées, sous quelque forme que ce soit, au candidat à un emploi, ne peuvent avoir comme finalité que d'apprécier sa capacité à occuper l'emploi proposé ou ses aptitudes professionnelles. Ces informations doivent présenter un lien direct et nécessaire avec l'emploi proposé ou avec l'évaluation des aptitudes professionnelles.* » Autrement dit, « on ne peut lire sur le candidat que les informations à caractère professionnel. Sur Facebook, c'est quasiment mission impossible car le personnel et le professionnel sont le plus souvent mélangés », précise Mathieu Prud'homme, avocat spécialisé en droit des nouvelles technologies […]. « L'accès à ces informations est susceptible de rendre le processus de recrutement discriminatoire donc illégal. […] C'est une intrusion dans la vie privée. On ne peut pas demander plus d'informations que ce qui est nécessaire. Un juge français sanctionnerait cela. »
Si un candidat, en France, se voyait demander par un recruteur d'aller sur sa page Facebook pour y consulter des informations sans lien direct avec l'emploi proposé et n'était pas retenu pour une raison ou une autre, ce candidat « pourrait saisir les tribunaux en disant : on ne m'a pas retenu en raison de considérations d'ordre personnel », selon Mathieu Prud'homme. « Mais à moins d'avoir un dossier très solide [disposer de preuves], ce n'est pas gagné », s'empresse-t-il de préciser.

Anaëlle Grondin, www.20minutes.fr

Questions

1. À quoi doivent se limiter les informations demandées à un candidat à l'embauche ?
2. Quels risques présentent les informations contenues sur Facebook ?
3. Quelle est la limite à ne pas franchir pour un employeur ?

Document 2 *La collecte d'informations liées à l'embauche*

Dans le cadre de la gestion du recrutement, de la paie ou des carrières, employeurs et recruteurs ont fréquemment recours aux moyens informatiques. Ces outils contiennent de nombreuses informations concernant les candidats ou les employés. […]
Dans le cadre d'un recrutement, les données collectées ne doivent servir qu'à évaluer la capacité du candidat à occuper l'emploi proposé (qualification, expérience, etc.). Il est interdit de demander à un candidat à un emploi son numéro de Sécurité sociale. Il est également interdit de collecter des informations sur ses parents, sa fratrie, ses opinions politiques ou son appartenance syndicale.
À l'embauche du candidat, l'employeur pourra collecter des informations complémentaires. Outre celles nécessaires au respect d'une obligation légale (ex. : déclarations sociales obligatoires), l'employeur peut collecter des informations utiles :
- à la gestion administrative du personnel (ex. : type de permis de conduire détenu ou coordonnées de personnes à prévenir en cas d'urgence) ;
- à l'organisation du travail (ex. : photographie facultative de l'employé pour les annuaires internes et organigrammes) ;
- à l'action sociale prise en charge par l'employeur (ex. : les informations concernant les ayants droit de l'employé). […]

www.cnil.fr

Questions

4. À quel usage doit se limiter la collecte d'informations sur les salariés ? Donnez des exemples.
5. Justifiez les interdictions qui sont faites aux employeurs sur ce sujet.

II L'usage des TIC durant l'exécution du contrat de travail

Document 3 *Le cadre légal*

Article L.1121-1 du Code du travail - Nul ne peut apporter aux droits des personnes et aux libertés individuelles et collectives de restrictions qui ne seraient pas justifiées par la nature de la tâche à accomplir ni proportionnées au but recherché.

Document 4 *Utilisation abusive d'Internet au travail ?*

La connexion Internet ainsi que les outils informatiques de l'entreprise mis à la disposition du salarié, sont des outils de travail dont l'utilisation doit être purement professionnelle. L'employeur tolère souvent l'utilisation à titre personnel d'Internet, mais il encadre aussi son usage afin d'éviter les abus. (...) Votre employeur est en droit de fixer les règles d'utilisation du matériel de l'entreprise et les conditions de contrôle de l'usage des ordinateurs, tablette, Surface, photocopieuse, smartphone, et connexion Internet. Il le fait généralement dans la charte Internet ou il s'appuie sur le règlement intérieur et le contrat de travail. La charte Internet sert, notamment, à fixer les modalités d'utilisation du Web à titre personnel, mais aussi des outils informatiques en règle général (comme la messagerie instantanée, les tablettes, Surfaces, imprimante laser, photocopieuse, outils de réalité virtuelle, etc.).

L'emploi abusif de la connexion Internet à des fins personnelles peut justifier un simple rappel à l'ordre (ex. : connexion à des heures non autorisées) mais aussi une sanction disciplinaire allant jusqu'au licenciement pour faute. Celle-ci peut être qualifiée de grave voire même de lourde comme par exemple dans ces situations : abuser de la connexion Internet de l'entreprise pour surfer à titre personnel pendant plusieurs heures chaque jour, surfer sur des sites « d'activité sexuelle et de rencontres » pendant le temps de travail, télécharger des fichiers interdit sur son ordinateur...

Carole Girard Oppici, 13/02/2018, www.juritravail.com.

Questions

1. La connexion Internet et les outils informatiques mis à disposition par l'employeur peuvent-ils être utilisés sans limite sur le lieu de travail ?
2. Que peut faire l'employeur ? grâce à quels documents ?
3. Que risque un salarié qui ne respecte pas les règles fixées par l'employeur ?

Document 5 *La frontière entre travail et vie privée*

Modalités d'accès au poste informatique ou à la messagerie

Un mail, émis ou reçu par un salarié, peut avoir le caractère de correspondance privée, dont le viol est pénalement sanctionné : l'employeur ne peut consulter les messages personnels d'un salarié. Ce principe a des limites dans la sphère professionnelle : tout ce qui n'est pas identifié comme « personnel » est réputé professionnel. L'employeur peut donc y accéder librement, même en l'absence du salarié. Même principe pour les fichiers stockés sur une clé USB appartenant au salarié : branchée sur son ordinateur professionnel, elle est présumée être utilisée à des fins professionnelles et l'employeur peut librement en consulter le contenu.

S'il a accès aux mails non identifiés comme personnels, l'employeur ne peut toutefois les utiliser en justice s'ils relèvent de la vie privée du salarié.

www.netpme.fr

Questions

4. Un employeur peut-il prendre librement connaissance de la correspondance privée d'un salarié ?
5. À l'inverse, quelle est la nature présumée des mails et des fichiers sur lesquels travaille le salarié dans l'entreprise ? Que se passe-t-il lorsqu'un salarié identifie ses messages comme « personnels » ?

Document 6 *La charte Internet de la société Axi (extraits)*

CHARTE INTERNET DE LA SOCIÉTÉ AXI

AXI

Les salariés se verront remettre, contre signature, un exemplaire de la charte informatique, à la suite des consultations préalables du CHSCT et du comité d'entreprise.

- **Article 1 – Chacun devra tendre à la préservation :**
  - des droits légitimes de l'employeur en matière de confidentialité, de sécurité et d'efficacité de ses systèmes d'information ;
  - du droit au respect de la vie du salarié et ce, en encadrant les conditions d'exploitation du système informatique, les modalités de contrôle de ceux-ci et les conséquences des manquements.
- **Article 2 – Aucune information concernant personnellement un salarié ne pourra être collectée par un dispositif qui n'a pas été porté préalablement à sa connaissance.**
- **Article 3 – Chaque salarié devra respecter les règles en matière, notamment :**
  - de protection de contenus disponibles sur Internet et d'interdiction de les reproduire sur le matériel informatique de l'employeur sans autorisation expresse et préalable de leur auteur ;
  - de téléchargement de logiciels tiers sur les postes de travail.

Les connexions Internet effectuées par un salarié depuis le matériel de l'employeur et pendant l'exercice de ses fonctions sont présumées professionnelles.

La charte Internet est-elle obligatoire ?

Uniquement si la DSI (Direction des systèmes informatiques, donc l'entreprise) collecte des données à caractère personnel sur les salariés (logs de connexion, durée de visite de certains sites, archivage de messagerie, etc.).
La CNIL recommande l'adoption d'une charte Internet dans l'entreprise si elle a pour objectif de « sensibiliser les salariés ou les agents publics aux exigences de sécurité, d'appeler leur attention sur certains comportements de nature à porter atteinte à l'intérêt collectif de l'entreprise ou de l'Administration ».

www.commentcamarche.net, « Mise en place d'une charte Internet ».

Questions

6. Relevez les limites à l'usage d'Internet au travail.
7. Quels sont les moyens dont dispose l'employeur pour faire respecter ces règles ?
8. Quelle est l'utilité d'une charte Internet ?

Document 7 *La protection des données dans le cadre du contrat de travail*

40 000 euros d'amende pour des commentaires « très douteux » sur des salariés

La société SIG, spécialisée dans les domaines de la force de vente et du marketing, met à disposition des grandes marques de la distribution des employés permanents et des intervenants temporaires afin d'assurer des opérations d'animation et de promotion. À l'occasion d'un contrôle, la CNIL a constaté que des commentaires particulièrement subjectifs figuraient dans son fichier de gestion des salariés. Cela concerne des personnes ayant été employées par la société SIG mais qui n'ont pas donné satisfaction. Ainsi, ont pu être relevés des commentaires tels que « trop ch... », « problèmes d'hygiène (odeurs) », « personne sans dents et qui boit », « problèmes alcoolisme », « souffre d'un cancer, ne pourra plus travailler », « lui confier le plus de travail possible – prud'hommes en cours », « a amené la SEP aux prud'hommes », « vol en magasin », « serait une voleuse ».

Conformément à la procédure prévue par la loi Informatique et Libertés, la formation contentieuse de la CNIL a d'abord mis en demeure la société SIG de procéder à la suppression de ces commentaires et de veiller au respect des droits d'accès, de rectification et d'opposition des salariés. Une deuxième mission de contrôle de la CNIL a permis de constater que des commentaires subjectifs figuraient toujours dans le fichier de gestion des salariés et qu'aucune mesure n'avait été prise. En conséquence, la CNIL a prononcé une sanction pécuniaire d'un montant de 40 000 euros.

www.cnil.fr

Questions

9. Relevez les faits.
10. Précisez les pouvoirs de la CNIL en matière de collecte de données personnelles.

Document 8 *Les limites de la surveillance des salariés*

Surveillance des salariés : quelle marge de manœuvre pour l'employeur ?

La mise en place de procédés de surveillance dans une entreprise est strictement encadrée. Face au développement des méthodes proposées aux employeurs, la CNIL et les magistrats exercent un contrôle accru pour protéger les libertés individuelles.

Illicéité des procédés clandestins

Le principe fondamental en matière de surveillance des salariés est l'interdiction d'user de procédés clandestins : un salarié ne peut être contrôlé à son insu (Cass. soc., 16 mars 2011, n° 09-43.204), ni piégé par son employeur pour être confondu (Cass. soc., 4 juill. 2012, n° 11-30.266). À défaut, outre le fait qu'il ne sera pas en mesure d'utiliser les renseignements recueillis à l'encontre du salarié, l'employeur encourt des sanctions pénales au titre de l'atteinte portée à la vie privée du salarié. Si l'employeur a prononcé une sanction motivée par des griefs découverts par le biais d'un dispositif clandestin de surveillance, celle-ci pourra être jugée illicite.

Respect des principes de justification et de proportionnalité

Il convient de tenir compte du principe applicable en cas de restriction d'une liberté, à savoir la justification de la mesure de surveillance par rapport à la tâche que le salarié accomplit, et sa proportionnalité eu égard au but recherché (C. trav., art. L. 1121-1). L'employeur doit donc préalablement identifier et pouvoir justifier les raisons pour lesquelles il met en place un procédé de surveillance. Il s'agira le plus souvent de justifications liées à des objectifs de sécurité dans l'entreprise, à une protection contre le vol par exemple.
Remarque : s'ils estiment qu'une atteinte aux droits et libertés individuelles des salariés est caractérisée, les délégués du personnel peuvent saisir le conseil de prud'hommes afin de faire mettre un terme à la mesure (C. trav., art. L. 2313-2).

www.wk-rh.fr

Questions

11. Quelle est l'interdiction absolue qui s'impose à un employeur pour les dispositifs de surveillance?

12. En quoi consiste le respect des principes de justification et de proportionnalité ?

Document 9 *Vidéosurveillance : Apple dans le collimateur de la CNIL*

La CNIL a mis en demeure Apple, lui demandant de cesser la vidéosurveillance de ses employés à leur poste de travail dans plusieurs de ses magasins en France. [...] Ce n'est pas la première fois qu'Apple Retail France se fait épingler : en décembre 2013, la Commission nationale de l'informatique et des libertés avait déjà demandé à l'entreprise de « réorienter certaines caméras qui filmaient en permanence des salariés » de l'Apple Store Opéra de Paris [...]. Mais des contrôles ont été menés en mai et juin 2014 dans d'autres Apple Store [...]. La CNIL s'est alors rendu compte que ces pratiques se poursuivaient ailleurs et que « certaines caméras continuent à filmer directement des salariés ». À Bordeaux, il a même été constaté « qu'une caméra permet de filmer une partie de la salle de pause mise à disposition des salariés ainsi que les vestiaires ». Pour la CNIL, la vidéosurveillance dans les magasins inspectés est « disproportionnée au regard de la finalité de prévention des atteintes aux personnes et aux biens ».

Anne-Julie Contenay, www.europe1.fr

Questions

13. Quels sont les dysfonctionnements constatés par la CNIL ?

14. En quoi le système de cette société ne respectait-il pas le principe de proportionnalité au regard de l'objectif poursuivi ?

Document 10 *Mon employeur peut-il me géolocaliser ?*

La géolocalisation est une pratique qui se développe dans les entreprises. Mais les employeurs ont-ils vraiment le droit de suivre à distance leurs salariés ? La réponse est oui. Toutefois, selon le Code civil, chacun a le droit au respect de sa vie privée, les limites à ne pas dépasser sont très strictes.
Tout d'abord : si votre employeur vous géolocalise, il doit le déclarer à la CNIL. [...] La déclaration se fait en ligne et doit être proportionnée au but recherché. Elle doit exposer les raisons de cette localisation : par exemple, pour lutter contre le vol ou gérer les temps de parcours... Si votre patron ne le fait pas, il encourt jusqu'à cinq ans de prison et 300 000 euros d'amende. Idem s'il vous géolocalise pour une autre raison que celle invoquée dans sa déclaration. Là aussi, il est en faute.
Votre employeur doit ensuite vous informer de la mise en œuvre de ce dispositif et des informations qui vont être collectées. À défaut, il s'expose à une amende de 1500 euros. Ainsi, un chef d'entreprise qui s'était servi de ce système pour licencier un de ses livreurs qui utilisait son véhicule professionnel à des fins personnelles a été condamné pour ne pas l'avoir prévenu.

Mathilde Terrier, France Info

Question

15. Quelles sont les contraintes qui s'imposent aux employeurs qui veulent géolocaliser leurs salariés ?

III L'impact des TIC sur l'organisation du travail

Document 11 *Se connecter ou disparaître : l'impact des TIC*

Les TIC ont donné naissance à de multiples formes d'organisation du travail, comme le travail à domicile, le travail mobile, le travail pendulaire (travail alterné entre l'entreprise et un autre lieu comme le domicile, un télécentre ou le bureau d'un autre établissement)...
Ces formes ne constituent ni un régime juridique, ni un statut particulier. Les règles générales du droit social s'y appliquent, même si des adaptations sont souvent nécessaires.

Questions

1. En quoi les TIC conduisent-elles à travailler différemment ?
2. Quels sont les enjeux économiques sous-jacents à ces nouvelles pratiques ?

Document 12 *Le télétravail : quand le dialogue social mène au Code du travail*

Le télétravail faisait jusqu'en 2002 l'objet d'un accord européen signé par tous les partenaires sociaux européens qui a été transposé en France par l'accord national interprofessionnel du 19 juillet 2005.

Les partenaires sociaux européens s'étaient mis d'accord pour considérer le télétravail comme un moyen pour les entreprises de moderniser l'organisation du travail et un moyen pour les salariés de concilier vie professionnelle et vie sociale en leur donnant une plus grande autonomie dans l'accomplissement de leurs tâches. Cette réussite du droit négocié a donné toute sa force au statut de télétravail mais de nombreuses entreprises comptant très peu de représentants syndicaux ne signaient pas d'accord d'entreprise pour encadrer et formaliser cette forme de travail. Pour mettre fin à l'insécurité juridique liée à cette forme de travail à distance, le Code du travail s'est enrichi en 2012 de plusieurs articles (L. 1222-9, L. 1222-10, L. 1222-11) pour définir le télétravail comme « toute forme d'organisation du travail dans laquelle un travail qui aurait également pu être exécuté dans les locaux de l'employeur est effectué par un salarié hors de ces locaux de façon régulière et volontaire en utilisant les technologies de l'information et de la communication dans le cadre d'un contrat de travail ou d'un avenant à celui-ci ».

Questions

3. Relevez les critères retenus par le Code du travail pour caractériser un télétravailleur.
4. Retracez l'origine de la création du télétravail. Qu'implique le fait que le télétravail soit principalement issu du droit négocié ?

DOCUMENT 13 *Des obligations pour l'employeur envers le télétravailleur*

Les obligations de l'employeur

[…] Outre ses obligations de droit commun vis-à-vis de ses salariés, l'employeur est tenu, […] :
- de prendre en charge tous les coûts découlant directement de l'exercice du télétravail, […];
- d'informer le salarié de toute restriction à l'usage d'équipements ou outils informatiques […];
- de lui donner priorité pour occuper ou reprendre un poste sans télétravail […];
- d'organiser chaque année un entretien qui porte notamment sur les conditions d'activité du salarié et sa charge de travail;
- de fixer, en concertation avec lui, les plages horaires durant lesquelles il peut habituellement le contacter […].

www.net-iris.fr

Les droits du télétravailleur

[…] En tant que télétravailleur, vous avez les mêmes droits que ceux applicables aux salariés en situation comparable travaillant dans les locaux de l'entreprise. Cela concerne :
- les conditions d'emploi;
- l'accès à la formation et aux possibilités de déroulement de carrière;
- les droits collectifs;
- mais également, la fourniture d'un travail et d'une rémunération par votre employeur.

Concernant l'exécution propre du contrat en télétravail, doivent être envisagées les conditions de passage en télétravail et les conditions de retour à exécution du contrat sans télétravail.

www.juritravail.com

Questions

5. Construisez un tableau dans lequel vous ferez apparaître les droits du télétravailleur et les obligations de l'employeur dans un contrat de télétravail.

6. Pourquoi peut-on dire que le télétravailleur est un salarié à part entière ?

DOCUMENT 14 *Un accord d'entreprise sur le télétravail*

Signature d'un accord de télétravail pour l'ensemble des collaborateurs AG2R La Mondiale

Le mercredi 30 mai 2018, un accord collectif de télétravail a été signé à l'unanimité par les organisations syndicales représentatives et la Direction générale d'AG2R La Mondiale. Fondé sur le principe du volontariat et sous certaines conditions, ce dispositif est ouvert à tous les collaborateurs du groupe dès 6 mois d'ancienneté. Les personnes qui en bénéficieront pourront télétravailler jusqu'à 2 jours par semaine.

Question

7. En quoi la négociation collective est-elle utile à l'établissement d'un cadre protecteur pour le télétravailleur ?

DOCUMENT 15 *Un avenant au contrat de travail pour la mise en place du travail à distance*

D'un commun accord entre l'entreprise Carnot et M. Philippe Meyssat, salarié, il a été convenu que le salarié exercerait ses fonctions dans le cadre du télétravail à compter du 27 janvier 2019 en restant travailler à son domicile personnel situé à Saint-Cyr-sur-Mer (83).

1. Maintien du contrat de travail

Le salarié reste lié à l'entreprise dans les conditions normales de la législation du travail et garde le bénéfice de la convention collective applicable à l'entreprise. Le salarié devra impérativement être joignable par l'entreprise en communication directe tous les jours ouvrables en permanence. Il s'oblige à se rendre au siège de l'entreprise tous les lundis de 9 h à 17 h pour une réunion de travail.

2. Équipement du local affecté

Le salarié affectera une pièce de son logement pour l'exercice de son activité professionnelle.
L'entreprise aménagera ce local en y installant l'équipement nécessaire à la réalisation du travail à distance.

3. Durée de travail

Le salarié reste tenu par la durée normale de l'entreprise (35 heures par semaine). Il aura la liberté d'effectuer son travail aux heures qui lui conviendront le mieux, en respectant les impératifs de l'entreprise et les délais qui lui seront fixés.

4. Indemnité de local

Le salarié accepte de ne recevoir aucune indemnité pour la mise à disposition d'une pièce de son logement ni pour les frais engagés pour l'électricité, l'assurance, le chauffage, les notes de téléphone liés à son travail à domicile.

Fait à Cassis, le 4 janvier 2019, en deux exemplaires.

Signatures de l'employeur et du salarié

Questions

8. Qualifiez les clauses 1 et 4 de ce contrat en justifiant votre réponse.

9. Rédigez-les convenablement.

Entraînement à la rédaction d'une note structurée

LES COMPÉTENCES ATTENDUES

- Apprécier la légalité d'une situation au regard de la protection de la personne dans la sphère privée et professionnelle.
- Caractériser les éléments principaux de cette protection et son évolution.
- Rédiger et qualifier quelques clauses d'un document relatif à l'usage des TIC.

Victor Gambier, patron de PME, s'inquiète de la baisse de productivité de son entreprise, qu'il attribue notamment à l'utilisation répétée et à titre privé d'Internet et à la consultation des réseaux sociaux par certains de ses salariés.

À ce titre, il envisage le licenciement pour faute de Mme Doucet, dont il a découvert en son absence qu'elle utilisait très souvent sa boîte mail personnelle afin de vendre de la lingerie par correspondance et qu'elle fréquentait assidûment Facebook pour sa promotion. Il s'est également aperçu que Mme Doucet utilisait sa clé USB pour transférer ses photos personnelles sur son PC de bureau puis les mettre en ligne et, qu'enfin, elle utilisait son téléphone portable professionnel à des fins personnelles. Dans la période durant laquelle ces agissements ont eu lieu, la salariée a commis un certain nombre d'erreurs et de négligences dans son travail.

Mme Doucet a déjà fait part à M. Gambier de son intention de contester son éventuel licenciement devant le conseil de prud'hommes pour « violation du respect de sa vie privée ».

Question

- **Dans une note structurée, à l'aide de vos connaissances et des annexes, vous présenterez à Victor Gambier les pouvoirs des employeurs et les limites de leurs droits dans le contrôle de l'usage fait par les salariés du matériel professionnel.**

ANNEXE 1

La loi protège les droits fondamentaux

Article L. 1121-1 du Code du travail : « Nul ne peut apporter aux droits des personnes et aux libertés individuelles et collectives de restrictions qui ne seraient pas justifiées par la nature de la tâche à accomplir ni proportionnées au but recherché. »

Article 9 du Code civil : « Chacun a droit au respect de sa vie privée. Les juges peuvent, sans préjudice de la réparation du dommage subi, prescrire toutes mesures, telles que séquestre, saisie et autres, propres à empêcher ou faire cesser une atteinte à l'intimité de la vie privée. »

ANNEXE 2

Mails privés au travail : l'employeur a le droit de surveiller ses salariés

Au travail, le droit à la vie privée existe... mais il est à utiliser avec modération. L'employeur peut installer un système de contrôle des mails, mais il doit respecter certaines conditions au préalable. L'histoire d'une salariée licenciée en 2009 pour avoir envoyé et reçu plus de 600 mails à caractère personnel en un mois sur son lieu de travail revient à la surface à la faveur d'une décision de la Cour de cassation rendue ce mois-ci.

A-t-on le droit d'envoyer des mails privés durant son temps de travail?

« Bien sûr, mais avec modération. [...] Les juges sont relativement tolérants dès lors que le travail est bien fait et que l'employeur n'avait pas émis d'interdiction formelle. La frontière entre l'abus et l'usage modéré est à l'appréciation de chaque employeur et de chaque juge. »

Un employeur a-t-il le droit de surveiller le contenu de mails échangés?

« Dès lors que l'employeur a des doutes sur l'usage d'un outil professionnel, il peut contrôler l'activité du salarié. Si celui-ci a indiqué « privé » ou « personnel » dans l'objet par exemple, l'employeur ne peut regarder les mails à son insu. Mais il peut demander au salarié, en sa présence, de contrôler son ordinateur et d'ouvrir sa boîte mail. Le salarié peut demander à être accompagné d'un délégué du personnel. »

Le jeu dangereux du *chat* et de la souris !

SUITE

Quelles sont les limites au droit de contrôle d'un employeur?

« [...] Pour installer un système de badges à l'entrée et à la sortie du lieu de travail, ou un logiciel qui calcule le nombre de mails échangés par exemple, l'employeur doit remplir trois conditions. Il doit d'abord informer et consulter au préalable les représentants du personnel de son intention. Il doit ensuite informer au préalable les salariés. Il doit enfin faire une déclaration à la CNIL (Commission nationale de l'informatique et des libertés), qui peut mettre son veto. »

Alexandra Gonzalez, www.bfmtv.com

ANNEXE 3

L'employeur peut-il lire la clé USB du salarié reliée à l'ordinateur professionnel ?

Une clé USB appartenant à titre personnel à un salarié est-elle présumée utilisée à des fins professionnelles dès lors qu'elle est connectée à un outil informatique mis à disposition par l'entreprise pour l'exécution du contrat de travail ? Si oui, l'employeur pourrait l'ouvrir en l'absence du salarié

[...] Il n'est permis de prendre connaissance de fichiers identifiés comme personnels en l'absence du salarié uniquement en cas de risque ou événement particulier (risque de virus informatique, présence de fichiers pouvant mettre gravement en cause l'entreprise compte tenu du caractère raciste, pédophile, etc., des informations contenues permettant de remonter à l'entreprise depuis son adresse IP). Sinon celui-ci doit être présent ou « dûment appelé » [...]

Les juges ont récemment admis la même solution pour les fichiers contenus sur une clé USB appartenant à un salarié. Ils considèrent que la clé USB est une extension de l'ordinateur professionnel. Dès lors, si elle est connectée à un outil informatique mis à la disposition du salarié par l'employeur pour l'exécution du contrat de travail, une clé USB est présumée utilisée à des fins professionnelles.

En conséquence, l'employeur peut avoir accès aux fichiers non identifiés comme personnels qu'elle contient, hors la présence du salarié et même si elle appartient au salarié. C'est comme si le périphérique de stockage relié à un ordinateur devenait un élément de celui-ci. Les documents qui y sont stockés sont donc censés être par nature professionnels, sauf mention contraire permettant une identification claire de ceux qui restent d'ordre privé.

Yves Elbaz, www.editions-tissot.fr

ANNEXE 4

Désormais, l'employeur peut lire les SMS de votre portable professionnel

Les employeurs sont autorisés à lire les SMS privés que vous envoyez depuis votre téléphone portable professionnel. [...]

Dans un arrêt rendu le 10 février 2015, la Cour de cassation a admis le principe selon lequel les SMS envoyés ou reçus par cet appareil « sont présumés avoir un caractère professionnel ».

En clair, le portable professionnel est un outil de travail : les SMS envoyés ou reçus sur ce portable doivent être liés à l'activité professionnelle et non pas d'ordre privé. Et donc, l'employeur est en droit de « les consulter en dehors de la présence de l'intéressé, sauf s'ils sont identifiés comme étant personnels ».

www.leparisien.fr

Sens de la leçon

Les TIC dans la relation employeur/salarié

1 Les pouvoirs de l'employeur en matière de TIC

- Des pouvoirs justifiés par la protection des intérêts de l'entreprise
- Des pouvoirs limités par l'obligation de respecter les libertés des salariés et leurs droits fondamentaux

2 Les TIC, outil de gestion des salariés

Les TIC sont un outil au service de l'employeur et sont soumis à un cadre juridique précis :

- Durant les opérations de recrutement
- Durant l'exécution du contrat de travail (mails, vidéosurveillance, géolocalisation, etc.)

3 L'impact des TIC sur les nouvelles formes d'organisation du travail

- Le télétravail est un travail réalisé à distance du donneur d'ordre (employeur ou client) au moyen des outils informatiques et de télécommunication.
- Le télétravailleur est un salarié à part entière avec des droits et des obligations spécifiques.

préparation à l'épreuve

S'entraîner au BTS n° 1

La société @Plug au cœur des TIC

Les compétences attendues

- Apprécier la légalité d'une situation au regard de la protection de la personne dans la sphère privée et professionnelle.
- Caractériser les éléments principaux de cette protection et son évolution.
- Qualifier les modifications de la relation de travail et en déduire les conséquences juridiques.
- Apprécier la validité de tout ou partie d'un contrat électronique et expliciter ses effets juridiques.
- Apprécier si l'offre commerciale électronique est conforme au droit positif.

Le contexte

Xavier Bruckert dirige la société grenobloise @Plug, spécialisée dans l'événementiel grand public et le marketing relationnel sur le Web.

@Plug s'adresse à une cible de professionnels (finance, banque, assurance, chimie, cosmétique, informatique, bureautique, télécoms) souhaitant réaliser des opérations médiatiques pour développer leur chiffre d'affaires.

La société développe ainsi des jeux vidéo, des sites Web, des solutions *high-tech*, etc. Elle est très pointue dans son domaine et jouit d'une bonne notoriété.

Avec le succès de son entreprise, Xavier Bruckert rencontre ces temps-ci un certain nombre de problèmes.

Il se pose plusieurs questions et vous demande de l'aider à y répondre.

Travail à faire

Vous traiterez les dossiers suivants à l'aide des annexes et de vos connaissances.

Dossier 1 : L'accès aux informations du poste informatique d'une salariée

Depuis quelques semaines, Xavier Bruckert soupçonne sa collaboratrice Sophie Germain, responsable commerciale marketing, de se livrer à des actes de concurrence déloyale visant à désorganiser @Plug. Elle participerait à la mise en place d'une structure directement concurrente et débaucherait des salariés de l'entreprise.

Le dirigeant a donc demandé à un huissier d'analyser les données de l'ordinateur portable de Sophie durant son absence. En consultant le disque dur, l'huissier a découvert un répertoire nommé « SG » (initiales de la salariée), comportant lui-même deux sous-répertoires : l'un qualifié expressément de « Personnel », l'autre dénommé « Xylos », du nom de la société concurrente avec laquelle la collaboratrice participerait.

L'huissier a reproduit les documents contenus dans ce sous-répertoire, qui confirment bien les soupçons de Xavier Bruckert. Celui-ci veut licencier Sophie Germain mais s'interroge sur ses droits.

- **Appréciez la légalité de la démarche de Xavier Bruckert.**

Dossier 2 : Le fichier de la prospection commerciale par démarchage électronique

Souhaitant renforcer sa notoriété à l'occasion du lancement de sa nouvelle offre de services, Xavier Bruckert décide d'exploiter les données personnelles de consommateurs qu'un précédent stagiaire lui a fournies mais dont il ignore totalement l'origine.

- **Rédigez une note structurée précisant les éléments de droit positif qui s'appliquent au questionnement de Xavier Bruckert. Il s'interroge, d'une part, sur la réglementation générale de l'exploitation des données personnelles des consommateurs et, d'autre part, sur les droits de ceux-ci.**

Ressources documentaires

Annexe 1 Documentation juridique
Annexe 2 Charte Internet de la société @Plug (extraits)
Annexe 3 L'ordinateur du salarié n'est pas un sanctuaire interdit à l'employeur !
Annexe 4 Données personnelles : la législation en vigueur
Annexe 5 Envoi sans consentement de lettres d'information électroniques de prospection

Annexe 1 *Documentation juridique*

Article 8 de la Convention de sauvegarde des droits de l'homme et des libertés fondamentales – Droit au respect de la vie privée et familiale
Toute personne a droit au respect de sa vie privée et familiale, de son domicile et de sa correspondance.

Article 9 du Code civil
Chacun a droit au respect de sa vie privée [...].

Article L. 1121-1 du Code du travail – Libertés individuelles dans l'entreprise
Nul ne peut apporter aux droits des personnes et aux libertés individuelles et collectives de restrictions qui ne seraient pas justifiées par la nature de la tâche à accomplir ni proportionnées au but recherché.

ANNEXE 2 *Charte Internet de la société @Plug (extraits)*

Les salariés se verront remettre, contre signature, un exemplaire de la charte informatique, à la suite des consultations préalables du CHSCT et du comité d'entreprise.

Clause 1

Chacun devra tendre à la préservation :

- des droits légitimes de l'employeur en matière de confidentialité, de sécurité et d'efficacité de ses systèmes d'information ;
- du droit au respect de la vie du salarié, et ce en encadrant les conditions d'exploitation du système informatique, les modalités de contrôle de ceux-ci et les conséquences des manquements.

Clause 2

Aucune information concernant personnellement un salarié ne pourra être collectée par un dispositif qui n'aurait pas été porté préalablement à sa connaissance.

Clause 3

Chaque salarié devra respecter les règles en matière, notamment :

- de protection de contenus disponibles sur Internet et de l'interdiction de les reproduire sur le matériel informatique de l'employeur sans autorisation expresse et préalable de leur auteur;
- de téléchargement de logiciels tiers sur les postes de travail.

Les connexions Internet effectuées par un salarié depuis le matériel de l'employeur et pendant l'exercice de ses fonctions sont présumées professionnelles. [...]

ANNEXE 3 *L'ordinateur du salarié n'est pas un sanctuaire interdit à l'employeur !*

[...] L'utilisation des outils informatiques et des échanges d'e-mails a contraint les tribunaux à distinguer la frontière entre ce qui relève de la vie privée et de la vie professionnelle. Cette frontière, bien qu'établie, n'en est pas moins floue.

L'accès par l'employeur aux e-mails présents sur la messagerie professionnelle du salarié : les règles d'ouverture des e-mails « professionnels » du salarié

La Chambre sociale de la Cour de cassation a une position constante selon laquelle les e-mails adressés ou reçus par le salarié à l'aide de l'outil informatique mis à sa disposition par l'employeur, pour les besoins de son travail, sont présumés avoir un caractère professionnel, de sorte que l'employeur est en droit de les ouvrir hors la présence de l'intéressé. [...]

En conséquence, lorsque les e-mails ne sont pas identifiés comme personnels, l'employeur peut faire constater par un huissier de justice les e-mails provenant de la messagerie électronique mise à la disposition du salarié par l'entreprise.

L'employeur peut également contrôler, hors la présence du salarié, les courriels et fichiers que le salarié a transférés sur son ordinateur de travail, depuis sa messagerie personnelle, à condition qu'ils ne soient pas identifiés comme personnels.

Récemment, la Cour de cassation a également indiqué qu'une clé USB personnelle, dès lors qu'elle est connectée à un outil informatique mis à la disposition du salarié par l'employeur pour l'exécution du contrat de travail, est présumée utilisée à des fins professionnelles. L'employeur peut alors avoir accès aux fichiers non identifiés comme personnels qu'elle contient. [...]

Me Pierre Befre, www.village-justice.com

ANNEXE 4 *Données personnelles : la législation en vigueur*

• En France, l'utilisation des données personnelles des consommateurs est très encadrée par les textes, à savoir principalement la loi Informatique et libertés du 6 janvier 1978, modifiée notamment par la loi du 6 août 2004 transposant la directive européenne du 24 octobre 1995 (loi Informatique et libertés), et la loi du 21 juin 2004 pour la confiance dans l'économie numérique (LCEN).

• Selon l'article 2 de la loi n° 78-17 modifiée du 6 janvier 1978, « constitue une donnée à caractère personnel toute information relative à une personne physique identifiée ou qui peut être identifiée, directement ou indirectement, par référence à un numéro d'identification ou à un ou plusieurs éléments qui lui sont propres ».

• La loi Informatique et libertés précise que les données sont collectées et traitées de manière loyale et licite.

• Le RGPD, règlement général sur la protection des données, nouveau règlement européen applicable depuis mai 2018, a pour objectif de sécuriser et protéger les données personnelles au sein de toutes les entreprises qui gèrent, stockent et déplacent des données personnelles (clients, fournisseurs, salariés, etc.). Concrètement, depuis le 25 mai 2018, un client peut, par exemple, accéder gratuitement à ses données personnelles et demander quel usage l'entreprise en fait une fois collectées ou encore exiger d'elle qu'elle efface ses données.

ANNEXE 5 *Envoi sans consentement de lettres d'information électroniques de prospection*

Envoi sans consentement de lettres d'information électroniques contenant de la prospection : sanction de 15 000 euros - 12 juin 2015

[La Cnil] a prononcé une sanction de 15 000 euros à l'encontre de la société Prisma Media, spécialisée dans l'édition et la commercialisation de magazines périodiques et des sites Internet de ces magazines.

En juillet 2012, la société Prisma Media a été mise en demeure par la présidente de la Cnil de se mettre en conformité avec les obligations légales, notamment pour ses traitements de données relatifs aux prospects. En mars 2014, un nouveau contrôle a fait apparaître que la société n'informait toujours pas systématiquement ni suffisamment les personnes concernées des traitements mis en œuvre. En effet, lorsqu'un internaute se rend sur le site d'une publication du groupe, il peut demander à recevoir la lettre d'information du titre du site qu'il consulte mais également celles des autres revues ou périodiques édités par la société en cochant la case : « Oui, je souhaite recevoir les newsletters du groupe Prisma Media ».

Or, ce faisant, il ne dispose pas systématiquement d'information sur les autres newsletters qu'il va recevoir, n'ayant pas notamment connaissance des publications concernées. Ainsi, l'information délivrée ne permet pas de considérer que le consentement des personnes à recevoir des lettres d'information par voie électronique est libre et spécifique.

En outre, la société ne faisait pas totalement droit aux demandes d'opposition des internautes et conservait les données pendant des durées excessives.

En octobre 2014, la présidente de la Cnil a décidé de mettre en demeure la société Prisma Media et de rendre publique cette décision. Cette mise en demeure n'ayant pas été entièrement satisfaite, la formation restreinte de la Cnil a prononcé une sanction pécuniaire de 15 000 euros à l'encontre de la société Prisma Media, qu'elle a décidé de rendre publique. [...]

www.cnil.fr

5 La notion de risque et l'évolution de la responsabilité

Éléments du droit positif : 521-1 et 521-2

- Risque : notion, effets
- De la faute au risque : objectivisation de la responsabilité et socialisation du risque

Les compétences attendues	Le plan du chapitre
• Caractériser le risque inhérent à une situation professionnelle donnée et déterminer le droit applicable.	**I – La notion de risque** A • L'évolution du risque professionnel dans la société B • La prise en compte du risque par le droit
• Analyser l'évolution des principes juridiques en matière de risques.	**II – L'évolution de la responsabilité : de la faute au risque** A • La responsabilité pour faute B • La responsabilité sans faute C • La collectivisation du risque D • Les branches du droit concernées par l'évolution de la responsabilité

Mise en situation

Héléna Marinelli vient d'être embauchée en tant que chef de produit d'une entreprise de production d'engrais chimiques. Elle maîtrise bien l'aspect technique de ses attributions, mais elle veut approfondir sa connaissance des risques liés à l'activité de son entreprise. Elle a conscience des dangers potentiels encourus par les salariés mais cela ne l'empêche pas de s'interroger : quelles seraient les conditions et les limites de la responsabilité de sa société en cas de préjudice causé à l'environnement ou à des tiers ? Les contrats d'assurance conclus par la direction de l'entreprise seraient-ils adaptés ?

I La notion de risque

A. L'évolution du risque professionnel dans la société

Document 1 *Les bouleversements de la société*

La société traditionnelle

La société industrialisée

Questions

1. Comparez les activités professionnelles de la société traditionnelle et celles de la société industrielle.
2. Donnez des exemples de risques liés à l'industrialisation et au monde moderne, tant dans le monde du travail qu'en dehors de celui-ci.

Document 2 *Les insuffisances du Code civil*

Les articles fondateurs du Code civil

Art. 1240 (ex 1382)
Tout fait quelconque de l'homme, qui cause à autrui un dommage, oblige celui par la faute duquel il est arrivé à le réparer.

Art. 1241 (ex 1383)
Chacun est responsable du dommage qu'il a causé non seulement par son fait, mais encore par sa négligence ou par son imprudence.

Art. 1242, al. 1 (ex 1384, al. 1)
On est responsable non seulement du dommage que l'on cause par son propre fait, mais encore de celui qui est causé par le fait des personnes dont on doit répondre, ou des choses que l'on a sous sa garde.

Commentaire

Le prestige du Code civil était tel que les principes de responsabilité civile, fondés sur la responsabilité individuelle et subjective, ont été appliqués, sans difficultés particulières, jusque dans les années 1880.
Les choses ont été modifiées avec ce que l'on a appelé « la révolution industrielle ».
La multiplicité des accidents provoqués par des techniques mal maîtrisées a mis en lumière les insuffisances des fondements de la responsabilité civile tels qu'ils résultaient du Code civil.La jurisprudence et le législateur a alors conjugué leurs efforts pour améliorer le droit de la réparation des victimes.

www.courdecassation.fr

Questions

3. Montrez, à partir de l'article 1240 du Code civil, que la faute constitue la base de la responsabilité en droit français.
4. Pourquoi le droit de la responsabilité a-t-il évolué ? Appuyez-vous sur le commentaire de la Cour de cassation.

B. La prise en compte du risque par le droit

1. Les apports de la jurisprudence

Document 3 *La première affirmation de la responsabilité du gardien de la chose*

1. L'intérêt de l'arrêt Teffaine

C'est sans doute dans le domaine de la responsabilité du fait des choses inanimées que la Cour de cassation a le plus innové en interprétant avec imagination les quelques articles du Code civil relatifs à la responsabilité civile conçus pour une société rurale du tout début du XIXe siècle, afin de les appliquer à la société industrielle d'abord, puis à la société de l'automobile. [...] Le développement du machinisme générateur d'accidents pour lesquels il était souvent difficile d'établir une faute de l'employeur a conduit la Cour de cassation à donner à l'article 1384 alinéa 1 (aujourd'hui article 1242 alinéa 1) du Code civil un sens qu'il n'avait certainement pas dans l'esprit de ses auteurs, afin d'indemniser les victimes de tels accidents. Dans un arrêt célèbre de 1896*, la Cour a considéré que cet article [...] établissait un principe général de responsabilité du fait des choses, l'employeur étant gardien de l'instrument du dommage.

* Arrêt Teffaine, rendu à propos de l'explosion d'une chaudière ayant tué un ouvrier.

J.-F. Weber, *La Cour de cassation*, Études de la Documentation française.

2. Les limites de la solution jurisprudentielle

- La responsabilité du gardien de la chose repose sur une présomption de faute de sa part. Il pourrait donc s'en exonérer en prouvant l'absence de faute dans l'usage de la chose gardée.
- La présomption de responsabilité du gardien est retenue pour une chose dangereuse car présentant un vice.

Questions

5. Faites ressortir les apports de l'arrêt Teffaine au droit de la responsabilité.
6. Relevez les limites de cette décision de la Cour de cassation.

Document 4 *Le gardien responsable sans faute*

Le 22 avril 1925, un camion automobile appartenant à la société Les Galeries belfortaises a renversé et blessé la mineure Lise Jand'heur ; les juges du fond ont refusé de retenir la responsabilité du conducteur du véhicule, car la victime n'avait pas rapporté la preuve que ce conducteur avait commis une faute.
Pour la Cour de cassation, il s'agit là d'une mauvaise lecture de l'article 1384 alinéa 1 (aujourd'hui article 1242 alinéa 1) du Code civil.
Les juges du droit se prononcent ainsi : « La loi [...] ne distingue pas suivant que la chose qui a causé le dommage était ou non actionnée par la main de l'homme, [...] l'article 1384 (aujourd'hui article 1242) rattachant la responsabilité à la garde de la chose, non à la chose elle-même [...]. »
La Cour a donc cassé la décision des juges d'appel.

D'après l'arrêt Jand'heur, Cour de cassation (chambres réunies), 13 février 1930.

Questions

7. Relevez les faits, les parties et le litige de l'affaire Jand'heur.
8. D'après cet arrêt de la Cour de cassation, quelle est l'origine de la responsabilité du fait des choses ?
9. Quel est l'intérêt de cet arrêt ?

2. Les apports de la loi

Document 5 *De nombreuses lois dédiées à des risques spécifiques*

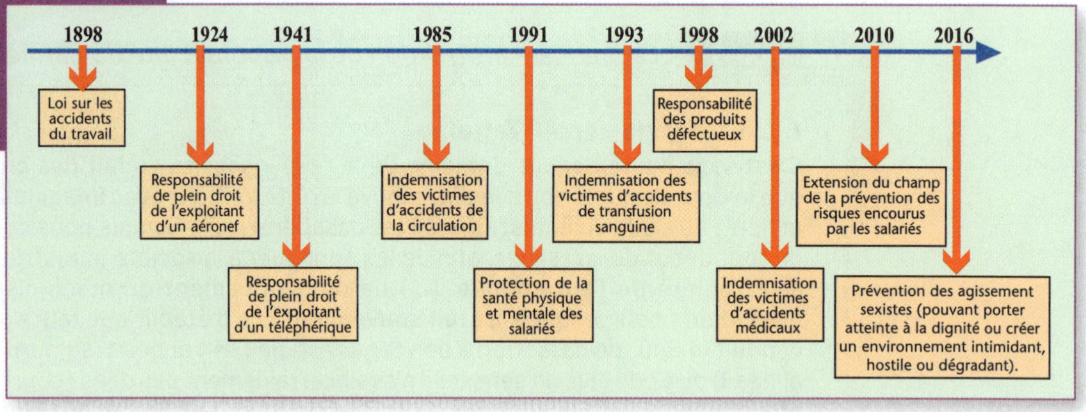

Questions

10. Quels sont les différents risques professionnels considérés par les lois évoquées ci-dessus ?

11. En quoi cette succession de lois montre-t-elle que le droit prend en compte l'évolution de la société ?

Document 6 *Une loi ancienne : la loi du 9 avril 1898*

Loi sur les accidents du travail

La loi du 9 avril 1898, entrée en vigueur le 1er juillet 1899, établit la responsabilité de l'employeur dans les accidents du travail. Elle est accompagnée par la création d'un système d'assurances pour les employeurs.

Remarque : la réparation des accidents du travail a été incorporée au régime d'assurances de la Sécurité sociale (créée par la loi du 30 octobre 1946).

Questions

12. Quel est l'apport de la loi du 9 avril 1898 ?

13. Pourquoi le fait que les employeurs soient assurés est-il favorable aux salariés victimes d'accidents du travail ?

Document 7 *Une loi plus récente : la loi du 19 mai 1998*

La responsabilité des produits défectueux

La loi du 19 mai 1998 a transposé - avec retard - la directive européenne du 25 juillet 1985. Elle a créé dix-huit nouveaux articles du Code civil, consacrés à la responsabilité du fait des produits défectueux.

Extraits du Code civil

Article 1245 - Le producteur est responsable du dommage causé par un défaut de son produit, qu'il soit ou non lié par un contrat avec la victime.

Article 1245-3 - Un produit est défectueux au sens du présent chapitre lorsqu'il n'offre pas la sécurité à laquelle on peut légitimement s'attendre. [...]

Article 1245-8 - Le demandeur doit prouver le dommage, le défaut et le lien de causalité entre le défaut et le dommage.

Questions

14. Quelle est la personne responsable de la mise en vente de produits défectueux ?

15. Un produit défectueux est-il nécessairement un produit de conception dangereuse ? Donnez des exemples de défectuosité de divers produits.

16. Le droit français est-il le seul à prendre en compte le risque lié aux produits défectueux ? Justifiez votre réponse.

II L'évolution de la responsabilité : de la faute au risque

A. La responsabilité pour faute

Document 8 *La faute dans l'exercice du commerce*

L'action en concurrence déloyale

Les entreprises sont libres de rivaliser entre elles afin de conquérir et de retenir la clientèle. [...] Cependant, les tribunaux ont été conduits à prendre en considération les moyens utilisés par les concurrents dans cette lutte pour la clientèle. Certains de ces moyens ne sont pas utilisés par les commerçants honnêtes ; ils sont contraires aux usages. [...]
Le droit français a longtemps laissé à la seule jurisprudence le soin de préciser cette notion, régie par les principes généraux de la responsabilité civile (articles 1240 et 1241 du Code civil).

R. Bout, M. Bruschi, M. Luby, S. Poillot-Peruzzetto, G. Cas, *Lamy – Droit économique*, Éd. Lamy.

Exemples de fautes de concurrence déloyale

1. Imitation du nom de l'entreprise ou d'un signe distinctif (enseigne).
2. Dénigrement d'un concurrent ou de ses produits.
3. Désorganisation de l'entreprise concurrente (débauchage de salarié).
4. Parasitisme (copiage d'une activité originale).

Questions

1. Pourquoi les articles 1240 et 1241 du Code civil (document 2) sont-ils efficaces pour sanctionner les comportements de concurrence déloyale ?
2. Les fautes de concurrence déloyale sont-elles toujours commises volontairement ?

Document 9 *La faute inexcusable de l'employeur*

La définition jurisprudentielle de la faute inexcusable

Selon la Cour de cassation, l'employeur est tenu « d'une obligation de sécurité de résultat, notamment en ce qui concerne les maladies professionnelles contractées par le salarié du fait des produits fabriqués ou utilisés par l'entreprise ». Il commet une faute inexcusable au sens de l'article L. 452-1 du Code de la Sécurité sociale, lorsqu'il « avait ou aurait dû avoir conscience du danger auquel était exposé le salarié, et qu'il n'avait pas pris les mesures nécessaires pour l'en préserver ».
Cette règle a été affirmée solennellement par la Cour de cassation à propos de la responsabilité des employeurs ayant exposé leur personnel aux risques liés à l'amiante.

La conséquence de la faute inexcusable : art. L. 452-1 du Code de la Sécurité sociale

« Lorsque l'accident est dû à la faute inexcusable de l'employeur ou de ceux qu'il s'est substitués dans la direction, la victime ou ses ayants droit ont droit à une indemnisation complémentaire [...] ».

Questions

3. Quels sont les effets de la faute inexcusable de l'employeur ?
4. En quoi l'évolution jurisprudentielle traduit-elle une meilleure prise en compte du salarié ?
5. Pourquoi exposer ses salariés à un environnement amianté est-il une faute inexcusable ?

B. La responsabilité sans faute

Document 10 *Le déclin du rôle de la faute*

La responsabilité subjective, c'est-à-dire fondée sur la faute, est toujours présente en droit français. Mais son application devient moins fréquente, du fait du développement de la responsabilité objective, c'est-à-dire sans faute. Pour illustrer ce phénomène, sans être exhaustif, on peut citer des lois exemplaires, comme celle de 1985, en matière d'accidents de la circulation, ou celle de 1998, qui concerne les produits défectueux.

Questions

6. À partir du document 10, et en vous aidant du document 7, montrez que la responsabilité du fait des produits défectueux ne repose pas sur la faute du producteur.
7. Justifiez l'affirmation suivante : « L'objectivisation de la responsabilité, c'est le fait qu'on puisse être responsable sans être fautif. »

Document 11 *Un exemple de responsabilité sans faute dans l'entreprise*

Un mandataire salarié malhonnête

Cour de cassation - Arrêt du 16 juin 2011 (extrait)

Attendu [...] que les Assurances Le Conservateur [...] ont confié à M. X... un mandat pour conclure des contrats d'assurance sur la vie et encaisser les primes et cotisations des souscripteurs ; qu'à la suite de plusieurs réclamations, dont celles de M. Y..., Mme Y..., etc., les assureurs ont révoqué le mandat de M. X... [...] déclaré coupable d'abus de confiance aggravés ainsi que de faux et d'usage ; que les consorts Y... ont assigné, devant un tribunal de grande instance, les assureurs en paiement de dommages-intérêts en réparation de leurs préjudices matériel et moral ;

Attendu que l'arrêt (de la cour d'appel) retient que M. X..., qui a remis aux consorts Y... des contrats d'assurance sur la vie falsifiés et détourné à son profit les sommes qui lui ont été versées, a établi les fausses conditions particulières sur du papier à en-tête (de l'assureur) [...] ;

Que la cour d'appel [...] a pu déduire que M. X... avait agi dans ses fonctions de mandataire et que les sociétés d'assurances ne s'exonéraient pas de leur responsabilité civile en tant que commettant (employeur) ; [...]

Par ces motifs : rejette le pourvoi [...].

Questions

8. Qui est responsable des suites des malhonnêtetés du mandataire salarié ? La personne responsable en droit a-t-elle commis une faute ?

9. En quoi l'indemnisation de la victime est-elle facilitée par ce régime de responsabilité ?

C. La collectivisation du risque

Document 12 *Les principes actuels*

Le besoin de réparation s'est détaché de l'idée de faute

En ce qui concerne, tout au moins, l'auteur du dommage, très souvent relayé par son assureur, le glissement s'est nettement produit ; et il profite en définitive à la victime, mieux assurée d'obtenir une réparation. Des mécanismes d'ordre collectif assez divers (assurance, sécurité sociale, fonds de garantie, etc.) [...] détachent alors la réparation de la responsabilité et donnent à penser que, s'il existe un déclin de la responsabilité individuelle, il n'y a pas lieu nécessairement de le regretter.

F. Terré, P. Simler, Y. Lequette, *Droit civil*, *Les Obligations*, Collection des Précis, série droit privé, Dalloz, 9e édition.

Questions

10. Quels sont les dispositifs de collectivisation du risque ? Qui en sont les bénéficiaires ?

11. En quoi la réparation est-elle diluée et la responsabilité individuelle atténuée ?

Document 13 *L'assurance et le bonus/malus*

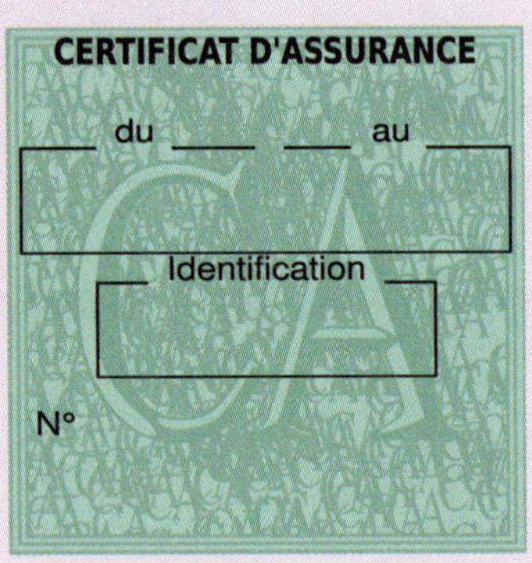

1. L'assurance auto : art. L. 211-1 du Code des assurances : « Toute personne physique ou toute personne morale autre que l'État, dont la responsabilité civile peut être engagée en raison de dommages subis par des tiers résultant d'atteintes aux personnes ou aux biens dans la réalisation desquels un véhicule terrestre à moteur, ainsi que ses remorques ou semi-remorques, est impliqué, doit, pour faire circuler lesdits véhicules, être couverte par une assurance garantissant cette responsabilité, dans les conditions fixées par décret en Conseil d'État. »

2. Le bonus/malus, ou encore coefficient de réduction/majoration (CRM), s'applique à tous les véhicules de tourisme, camionnettes et cycles de plus de 80 cm^3.

Tous les automobilistes ont donc un bonus. La cotisation à payer à chaque échéance annuelle est influencée par la baisse ou la hausse de cet indicateur qui reflète votre « bonne conduite ».

– Si vous n'êtes que partiellement responsable de l'accident (et quel que soit le partage de responsabilité : ½ et ½ ou ¼ et ¾), la majoration appliquée à votre bonus de l'échéance suivante sera de 12,5 %, soit : bonus précédent × 1,125.

– Si vous êtes totalement responsable de l'accident, la majoration appliquée sur votre bonus de l'échéance précédente est de 25 %, soit : bonus précédent × 1,25.

www.buzzassurance.org

Questions

12. Comment le contrat d'assurance présenté dans le document 13 fonctionne-t-il ? Qui supporte effectivement les conséquences des actes de l'assuré ?

13. Comment le système de bonus/malus peut-il éviter que l'assuré ne se déresponsabilise ?

D. Les branches du droit concernées par l'évolution de la responsabilité

Document 14 *La responsabilité en droit privé*

On parle de responsabilité civile, par opposition à la responsabilité pénale. La première vise à réparer le dommage subi par la victime. La seconde a pour objectif de punir celui qui porte atteinte à l'ordre public en commettant une infraction.

La responsabilité civile ne se limite pas aux affaires de droit civil : elle concerne des litiges qui relèvent de nombreuses branches du droit privé.

Questions

14. Indiquez, pour chaque situation de responsabilité, la branche de droit concernée.

Situations de responsabilité civile
a. Contrefaçon
b. Défaut de conformité d'un produit
c. Accident de la circulation
d. Maladie professionnelle
e. Pollution marine
f. Paiement d'un chèque non signé
g. Concurrence déloyale

Branches du droit
A. Droit civil
B. Droit de la sécurité sociale
C. Droit commercial
D. Droit de la propriété industrielle
E. Droit de la consommation
F. Droit de l'environnement
G. Droit bancaire

15. Pourquoi le droit civil ne suffit-il plus à régler les problèmes de responsabilité générés par la société ?

Document 15 *La responsabilité de l'Administration*

Selon la doctrine, les tribunaux administratifs ont fait évoluer le droit de la responsabilité de la puissance publique dans un sens parallèle à celui du droit privé. Le juge administratif répare parfois le dommage causé par l'Administration, alors qu'aucune faute ne peut être formellement relevée à son encontre. Il y a donc bien un phénomène d'objectivisation de la responsabilité, qui peut être sans faute en droit public, comme en droit privé.

Document 16 *Une mesure préventive onéreuse pour l'Administration*

Cour administrative d'appel de Marseille - jeudi 29 avril 2010

Les faits : le propriétaire d'un logement de Bastia donné en location a fait l'objet d'une interdiction d'occupation pour prévenir un risque d'inondation. Il a demandé l'indemnisation du dommage subi du fait de cette interdiction. Sa demande ayant été rejetée au premier degré, il saisit la cour administrative d'appel.

L'arrêt de la cour administrative d'appel (extrait) :

« Considérant [...] qu'il résulte des principes qui gouvernent l'engagement de la responsabilité sans faute de l'État que [...] le propriétaire d'un logement donné en location qui a fait l'objet d'une interdiction d'occupation ordonnée sur le fondement des pouvoirs de police dévolus au maire [...] est fondé à demander l'indemnisation du dommage qu'il a subi de ce fait [...] ; qu'il y a donc lieu de lui accorder l'indemnisation qu'il sollicite pour les 43 mois compris entre le 1er novembre 2001 et le 31 mai 2005 [...]. »

Questions

16. Analysez cette affaire : les faits, le litige, la solution de la cour administrative d'appel.

17. Quelle a été l'évolution du droit en matière de responsabilité de l'Administration ?

18. Dans cette affaire, la faute est-elle le fondement de la responsabilité de l'Administration ? Justifiez votre réponse.

Entraînement à la rédaction d'une note structurée et à l'analyse d'une situation juridique

Les compétences attendues

- Caractériser le risque inhérent à une situation professionnelle donnée et déterminer le droit applicable.
- Analyser l'évolution des principes juridiques en matière de risque.

Christophe Planel est responsable des ressources humaines chez Sécurassur, une entreprise de gardiennage et de sécurité de la Région PACA comptant 380 salariés répartis dans différentes agences.

Question

Vous traiterez les dossiers suivants à l'aide des annexes et de vos connaissances.

Dossier 1

M. Planel est régulièrement amené à former les directeurs d'agence de Sécurassur aux risques encourus par le personnel. Il les met en garde contre toute négligence qui pourrait être qualifiée de faute inexcusable.

- **Dans une brève note structurée, vous préciserez la notion de faute inexcusable en entreprise et vous en indiquerez les conséquences pour l'employeur et pour le salarié.**

Dossier 2

M. Planel est consulté par la direction générale de Sécurassur à la suite d'un incident mettant en cause un salarié qui effectuait une mission de surveillance et de filtrage des entrées au domicile d'un client organisant un cocktail. Il a violemment repoussé une personne qui n'avait pas de carton d'invitation et celle-ci s'est cassé le bras en chutant. La victime a promis de faire valoir ses droits.

1. **Qualifiez la responsabilité encourue par Sécurassur pour les faits commis par le salarié violent.**
2. **Pourquoi, selon vous, cette responsabilité est-elle favorable à l'indemnisation de la victime ?**
3. **Qui, en fin de compte, supportera la charge de l'indemnisation de la victime ? En quoi cette solution répond-elle à une forme de collectivisation des risques ?**

Annexe 1

Articles du Code de la Sécurité sociale

Art. L.411-1 - Est considéré comme accident du travail, quelle qu'en soit la cause, l'accident survenu par le fait ou à l'occasion du travail à toute personne salariée ou travaillant, à quelque titre ou en quelque lieu que ce soit, pour un ou plusieurs employeurs ou chefs d'entreprise.
Art. L.452-1 - Lorsque l'accident est dû à la faute inexcusable de l'employeur ou de ceux qu'il s'est substitués dans la direction, la victime ou ses ayants droit ont droit à une indemnisation complémentaire dans les conditions définies aux articles suivants.

ANNEXE 2

Cour de cassation – 2e Chambre civile - Audience publique du jeudi 8 octobre 2015 (extrait)

Attendu, selon l'arrêt attaqué (Douai, 11 juillet 2014), que Mme X..., épouse Y..., salariée de la société MDML a été victime, le 19 février 2009, d'un accident [...] ; qu'elle a saisi une juridiction de Sécurité sociale d'une action en reconnaissance de la faute inexcusable de son employeur ; [...]

Attendu que la société fait grief à l'arrêt d'accueillir la demande de Mme Y..., alors, selon le moyen :

1°/ [...] qu'en se bornant à affirmer que l'employeur avait nécessairement conscience du danger qu'il faisait courir à ses salariés, au seul motif que « le risque lié au stockage de marchandises lourdes sur une surface de vente encombrée effectué le 19 février 2009 en présence de Mme Y..., vendeuse au magasin d'Aix-Noulette ne pouvait être ignoré par l'employeur », sans relever toutefois aucun élément permettant d'établir que l'employeur était en mesure de prévoir que Mme Y... était susceptible de sortir de ses attributions de vendeuse pour procéder seule, en l'absence de toute urgence, au déballage d'un canapé de grande dimension, la cour d'appel n'a pas caractérisé la conscience, par l'employeur, du danger auquel la victime était exposée, privant ainsi sa décision de base légale [...] ;

2°/ que la faute volontaire du salarié victime d'un accident du travail, d'une exceptionnelle gravité, exposant sans raison valable son auteur à un danger dont il aurait dû avoir conscience, présente le caractère d'une faute inexcusable susceptible d'exonérer l'employeur de la responsabilité qu'il encourt en raison de sa propre faute inexcusable ; qu'en l'espèce, l'arrêt attaqué constate qu'au moment de l'accident, Mme Y..., se trouvant seule dans la surface de vente et en l'absence de toute urgence, a pris l'initiative de procéder au déballage d'un canapé de grande dimension placé à la verticale bien que cette mission n'entrait pas dans ses attributions, ce dont il résulte que la victime a ainsi commis une faute volontaire d'une exceptionnelle gravité qui l'a exposée à un danger dont elle ne pouvait manquer d'avoir eu conscience ; [...]

Mais attendu que l'arrêt retient que l'accident s'est produit alors que la salariée participait à la manipulation d'un canapé placé à la verticale dans l'espace de vente ; [...] que le risque lié au stockage de marchandises lourdes sur une surface de vente encombrée ne pouvait être ignoré par la société, laquelle n'a pas pris les mesures de prévention nécessaires pour préserver la salariée du danger auquel elle était exposée dans son travail [...] ; que même à supposer que la salariée ait pris seule l'initiative de procéder au déballage du canapé installé par les préparateurs sur la surface de vente et effectué une fausse manœuvre ayant déstabilisé le meuble et entraîné sa chute, ce qu'elle dément, un tel comportement ne caractérise pas une intention volontaire de s'affranchir des règles de sécurité ;

Que de ces constatations et énonciations procédant de son pouvoir souverain d'appréciation de la valeur et de la portée des faits et éléments de preuve soumis à son examen, la cour d'appel a pu déduire que l'accident survenu à Mme Y... était, indépendamment de toute faute inexcusable de la victime, imputable à la faute inexcusable de son employeur ;

D'où il suit que le moyen n'est pas fondé ;

PAR CES MOTIFS : REJETTE le pourvoi [...].

ANNEXE 3

Si un salarié cause un dommage à un tiers dans l'exercice de ses fonctions il engage la responsabilité civile de son employeur. Il s'agit là d'une application de l'article 1242, alinéa 5, du Code civil. Le fondement de cette responsabilité n'est pas la faute, mais plutôt le risque que l'employeur doit assumer, lui qui retire un profit de l'activité de son subordonné.

ANNEXE 4

Articles du Code des assurances

Article L. 121-2 - L'assureur est garant des pertes et dommages causés par des personnes dont l'assuré est civilement responsable en vertu de l'article 1242 du code civil, quelles que soient la nature et la gravité des fautes de ces personnes.

Article L. 121-12 (extrait) - [...] L'assureur n'a aucun recours contre les [...] préposés, employés, ouvriers [...] de l'assuré, sauf le cas de malveillance commise par une de ces personnes.

Sens de la leçon

La notion de risque et l'évolution de la responsabilité

1 La notion de risque

L'avènement de la société industrielle a généré des risques professionnels et d'autres dangers liés au machinisme.

↓

La prise en compte du risque par le droit s'est caractérisée par :

- Les apports de la jurisprudence : un nouveau sens donné aux articles du Code civil
- Les apports de la loi : des textes, nombreux, pour des risques particuliers

2 L'évolution de la responsabilité : de la faute au risque

La responsabilité pour faute s'efface derrière la responsabilité sans faute. Ce phénomène s'accompagne :

- de la collectivisation du risque :
  – priorité à l'indemnisation des victimes ;
  – volonté de prévenir les risques.
- du développement de l'assurance.

La responsabilité imprègne tous les rapports sociaux.

- En droit privé, le droit de la responsabilité est présent dans de nombreuses branches.
- En droit public, ces évolutions se retrouvent dans les rapports entre l'Administration et les administrés.

6 Les principes de prévention et de précaution et l'obligation de sécurité

Éléments du droit positif : 522-1, 522-2 et 522-3

- **Principe de prévention**
- **Principe de précaution**
- **Obligation de sécurité**

Les compétences attendues	Le plan du chapitre
• Déterminer le dispositif juridique adapté pour prévenir un risque	**I – Le principe de prévention** A • La prise de conscience de nouveaux risques B • La prévention des risques au travail C • L'évolution de la notion de santé du salarié **II – Le principe de précaution** A • Le principe de précaution dans les textes B • Les domaines spécifiques du principe de précaution
• Déterminer le dispositif juridique adapté pour prévenir un risque • Analyser la pertinence juridique de clauses insérées dans un contrat au regard de l'anticipation de risques recherchée	**III – Le risque « sécurité » dans la vente de biens et services**

Mise en situation

Le fabricant d'insecticides Tutort est inquiet : il réalise 24 % de son chiffre d'affaires grâce à des produits de la famille des néonicotinoïdes. Il sait que diverses associations se sont inquiétées des risques que ces types d'insecticides feraient courir aux abeilles et que l'Assemblée nationale a adopté un texte pour les interdire à partir de janvier 2016.

Les techniciens et ingénieurs agronomes ne sont pourtant pas certains des effets néfastes de ce type de produit. M. Tutort s'interroge : pourquoi interdire ces produits ? Ne s'agissant pas d'un risque avéré ni d'une obligation d'en prévenir les effets, serait-ce une application du fameux principe de précaution ?

I Le principe de prévention

A. La prise de conscience de nouveaux risques

Document 1 *Quelques accidents et quelques textes en réponse*

26 avril 1986 : explosion d'un réacteur de la centrale nucléaire de Tchernobyl (Ukraine), avec 31 morts directs, de nombreuses victimes indirectes et une pollution radioactive sans précédent. **30 janvier 2001 :** 100 000 m^3 d'eau polluée par du cyanure provenant d'une fonderie d'or polluent Baia Mare en Roumanie, la Hongrie et la Yougoslavie ainsi que le Danube, puis la mer Noire. **11 mars 2011 :** accident nucléaire de Fukushima (Japon) où un séisme suivi d'un tsunami a provoqué la perte de l'alimentation électrique et des effets en chaîne sur les quatre réacteurs, avec une fusion partielle du cœur de certains d'entre eux et d'importants rejets radioactifs.

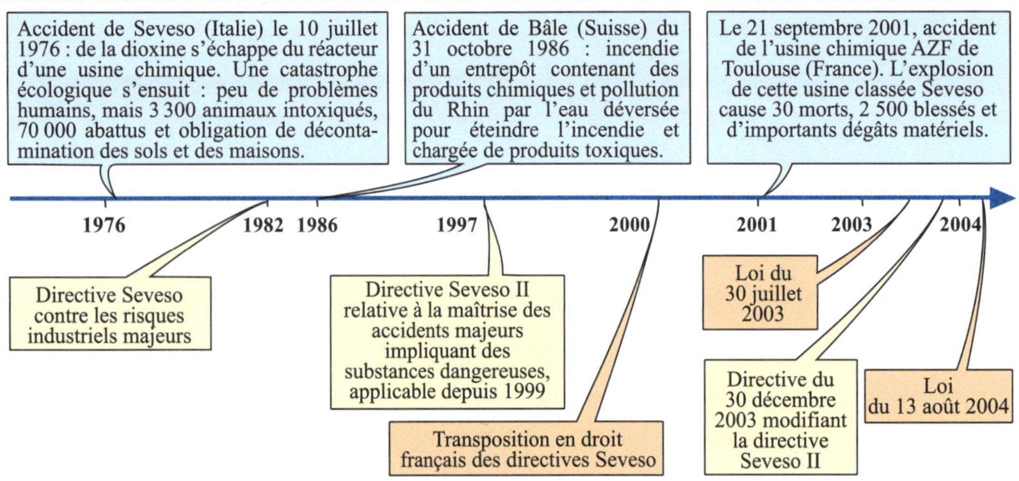

Questions

1. Quels types d'accident ont fortement contribué au développement de la législation de prévention des risques technologique et environnemental ?
2. Quelle correspondance chronologique faut-il relever entre le droit européen et le droit national ?

B. La prévention des risques au travail

Document 2 *L'influence du droit européen*

En matière de santé et de sécurité au travail, le droit interne n'aurait pas acquis toute son importance sans les apports que lui a fournis le droit européen. En effet, si aujourd'hui une cinquantaine de directives contribuent à l'amélioration des conditions de travail, de la santé et de la sécurité au travail, une directive fondamentale est venue imposer une nouvelle philosophie qui est à la base du droit de la prévention. Il s'agit de la **directive cadre CEE n° 89/391** du 12 juin 1989, transposée dans notre droit national par la loi n° 91-1414 du 31 décembre 1991 sur l'amélioration de la sécurité et de la santé au travail. Cette directive, selon une approche anglo-saxonne, sans lister une série de normes à respecter comme notre droit national aurait pu le faire, a posé simplement de grands principes généraux et une démarche de prévention que l'employeur doit mettre en œuvre, avec sens des responsabilités, dans toutes les situations de travail.

Lamy social.

Questions

3. Quels sont les signes de la vitalité du droit européen en matière de prévention des risques au travail ?
4. Comment ce droit a-t-il influencé la législation française ?

Document 3 *L'obligation du Document unique d'évaluation des risques (DUER)*

En vertu de son obligation générale de sécurité, l'employeur doit évaluer les risques éventuels et prendre toutes les mesures nécessaires pour assurer la sécurité et protéger la santé des salariés. Les articles L. 4121-1 à 3 et R. 4121-1 et 2 du Code du travail lui imposent d'élaborer et de tenir à jour un Document unique d'évaluation des risques (DUER) qui recense l'ensemble des risques pour la santé et la sécurité du personnel dans l'entreprise.

Document 4 *La démarche pour élaborer le DUER*

1	**Identification du danger**	→ **Définir les différentes unités de travail** → **Identifier les dangers dans chaque unité de travail**
2	**Évaluation des risques**	→ **Décrire la nature de chaque risque**
3	**Détermination des actions de prévention**	→ **Appliquer les principes de prévention**
4	**Programmation des actions de prévention**	→ **Hiérarchiser les risques et les mesures de prévention**

D'après le site http://www.ac-nice.fr

Questions

5. Quelles sont les entreprises concernées par l'obligation du DUER ?

6. En quoi le DUER montre-t-il que, pour éviter un risque, il faut d'abord le connaître ?

Document 5 *Le Fonds pour l'amélioration des conditions de travail (FACT)*

Quels sont ses objectifs ?

Le Fonds pour l'amélioration des conditions de travail (FACT) est un dispositif qui a pour objet d'apporter une aide financière, versée sous forme de subvention publique, aux entreprises et branches professionnelles concevant et mettant en œuvre des mesures d'amélioration des conditions de travail et contribuant à une meilleure prévention des risques professionnels.

Qui peut bénéficier d'une subvention du FACT ?

- Les entreprises et établissements dont l'effectif est inférieur à 300 salariés.
- Plusieurs entreprises regroupées sur un territoire, par secteurs ou en interprofessionnel, pour traiter de manière collective une action d'amélioration des conditions de travail.
- Les organisations professionnelles ou interprofessionnelles.

Document 6 *Le montant des aides*

Il existe deux catégories d'aides du FACT :

1. Des aides à l'accompagnement dans des projets d'amélioration des conditions de travail : 1 000 € TTC par jour avec 12 jours maximum d'intervention pour une entreprise.
2. Dans le cadre d'une action de branche bénéficiant aux entreprises d'un secteur, l'aide est au maximum de 80 % du montant du coût global du projet, [...] avec un plafond maximum de 100 000 euros.

www.anact.fr

Questions

7. En quoi le FACT illustre-t-il l'engagement de l'État dans la prévention du risque en milieu de travail ?

8. Quelle est la raison d'être du FACT ?

9. Donnez des exemples de projets susceptibles de bénéficier des aides du FACT.

C. L'évolution de la notion de santé du salarié

1. Les différents aspects de la santé du salarié

Document 7 *Les maux physiques*

Nombre d'accidents du travail pour 1 000 salariés dans diverses branches

Métallurgie	30,05
Bâtiment, travaux publics	60,00
Industries de l'alimentation	46,12
Bois, ameublement, textile	43,23
Banques, assurances	10,96
Moyenne nationale	**33,80**

Assurance Maladie Risques professionnels – Rapport de gestion 2016.

Document 8 *Les risques psychosociaux*

Il revient à l'employeur d'évaluer les risques, y compris psychosociaux, et de prendre les mesures nécessaires pour assurer et protéger la santé physique et mentale ainsi que la sécurité de ses salariés. [...] En France, il n'existe pas de réglementation spécifique à la prévention du stress au travail. Toutefois, sur la base de l'approche globale de la prévention des risques professionnels qui prévaut depuis 1991, l'absence de réglementation particulière relative à un risque spécifique n'induit pas un droit à l'inaction.

www.inrs.fr

Questions

10. Classez les branches citées en fonction des risques de maux physiques au travail. Quelles observations peut-on faire ?

11. Pourquoi les maux physiques concernent-ils peu le secteur tertiaire ? Dans quelle mesure le stress au travail peut-il apparaître comme un risque majeur pour la santé dans le tertiaire ?

Document 9 *Le harcèlement moral et la santé mentale*

Un employeur a été condamné à verser 110 000 euros à titre de dommages et intérêts (équivalent de 18 mois de salaire de la réclamante présente dans l'entreprise depuis 3 ans) par le Conseil de prud'hommes de Boulogne-Billancourt.

Cible de propos racistes dans son entreprise, la salariée avait informé son responsable hiérarchique des faits. Face à l'absence d'action de l'employeur et à la dégradation de sa situation, la salariée avait été arrêtée pour dépression.

À son retour dans l'entreprise, elle avait réitéré ses doléances par écrit. À la suite de ses démarches, la salariée a alors été convoquée à un entretien préalable en vue d'un licenciement prétextant notamment l'existence d'une démobilisation de l'équipe de recherche médicale dans laquelle elle travaillait, en raison de son comportement. [...]

L'article L. 1152-4 du Code du travail prévoit que l'employeur est tenu de prendre toutes les mesures nécessaires en vue de prévenir les agissements de harcèlement moral.

www.halde.fr

Questions

12. Relevez les éléments de fait susceptibles de traduire l'existence d'un harcèlement moral dans cette affaire.

13. Quelle est la relation entre le harcèlement moral et la santé du salarié ?

Document 10 *Les maladies professionnelles psychiques en chiffres*

Le nombre de demandes de reconnaissance de maladies psychiques a été multiplié par plus de 5 en cinq ans, passant d'environ 200 demandes en 2012 à plus de 1 100 en 2016. [...]. Cette progression est sans doute liée à l'augmentation du nombre de pathologies psychiques liées au travail [...]. De plus, la médiatisation de ce sujet conduit les assurés à mieux connaître leurs droits et à solliciter leur reconnaissance en maladie professionnelle.

www.risquesprofessionnels.ameli.fr

Question

14. À partir du document 10, indiquez dans quelle mesure la prise en compte de la santé psychologique des salariés peut expliquer, en partie, l'augmentation des maladies professionnelles.

2. Le rôle des instances de protection de la santé

Document 11 *Le rôle de l'inspecteur et du contrôleur du travail*

Dans le cadre de leur mission, les agents de contrôle de l'inspection du travail sont chargés de veiller au respect des règles d'hygiène et de sécurité et de constater les infractions à celles-ci (C. trav., art. L. 8112-2). En cas d'infraction aux prescriptions techniques, l'inspecteur ou le contrôleur du travail, le plus souvent, met l'employeur en demeure de se conformer aux dispositions réglementaires dans un certain délai. [...] L'agent de contrôle du travail peut dresser un procès-verbal sans mise en demeure en cas de danger grave et imminent pour l'intégrité physique des travailleurs (C. trav., art. L. 4721-5), qui est transmis à la direction départementale du travail puis au parquet. L'article L. 4132-4 du Code du travail permet à l'inspecteur du travail de saisir le juge des référés en cas de risque sérieux d'atteinte à l'intégrité physique d'un travailleur afin de voir ordonner toute mesure pour faire cesser ce risque (par exemple, saisie du matériel).

DCG, *Droit social*, Nathan technique.

Question

15. Relevez les différentes sanctions que l'agent de contrôle du travail peut prendre à l'égard d'un employeur. Justifiez la gradation de ces sanctions.

Document 12 *La médecine du travail et les visites médicales des salariés*

Il existe plusieurs types de visites médicales pour les salariés :
- la **visite d'information et de prévention**, qui remplace la visite médicale d'embauche et qui est réalisée, en principe, dans un délai qui n'excède pas 3 mois à compter de l'embauche ;
- le **suivi individuel renforcé**, qui concerne les salariés exposés à certains risques (amiante, plomb, risque hyperbare, etc.), qui donne lieu à un avis d'aptitude ou d'inaptitude du salarié ;
- la **visite de reprise de travail**, après un congé de maternité, une maladie professionnelle ou un arrêt d'au moins 30 jours ;
- la **visite de pré-reprise**, après tout arrêt de plus de 30 jours, pour préparer les conditions de la reprise du travail ;
- les **visites effectuées à la demande** de l'employeur, du travailleur ou du médecin du travail.

www.service-public.fr

Question

16. Quel rôle le médecin du travail joue-t-il dans la protection individuelle du salarié ?

Document 13 *Le rôle du Comité économique et social (CSE)*

1. Dans les entreprises de 11 à 49 salariés

La délégation du personnel au CSE contribue à promouvoir la santé, la sécurité et les conditions de travail dans l'entreprise et réalise des enquêtes en matière d'accidents du travail ou de maladies professionnelles ou à caractère professionnel.

2. Dans les entreprises de 50 salariés et plus

Le CSE des entreprises d'au moins 50 salariés dispose d'attributions supplémentaires dans le champ de la santé, la sécurité et les conditions de travail :
- il procède à l'analyse des risques professionnels auxquels peuvent être exposés les travailleurs, notamment les femmes enceintes [...] ;
- il contribue notamment à faciliter l'accès des femmes à tous les emplois, à la résolution des problèmes liés à la maternité, l'adaptation et à l'aménagement des postes de travail afin de faciliter l'accès et le maintien des personnes handicapées à tous les emplois [...] ;
- il procède, à intervalles réguliers, à des inspections en matière de santé, de sécurité et des conditions de travail.

www.inrs.fr

Questions

17. Comment la protection collective des salariés est-elle assurée par le CSE ?

18. Qu'est-ce qui justifie que le CSE ait de plus larges pouvoirs en matière de sécurité à partir du seuil de 50 salariés ?

3. Le droit d'alerte et le droit de retrait

Document 14 *Les principes légaux*

Code du travail - Article L. 4131-1

Le travailleur alerte immédiatement l'employeur de toute situation de travail dont il a un motif raisonnable de penser qu'elle présente un danger grave et imminent pour sa vie ou sa santé ainsi que de toute défectuosité qu'il constate dans les systèmes de protection.
Il peut se retirer d'une telle situation.

L'employeur ne peut demander au travailleur qui a fait usage de son droit de retrait de reprendre son activité dans une situation de travail où persiste un danger grave et imminent résultant notamment d'une défectuosité du système de protection.

Question **19.** Dans quelles situations les droits d'alerte et de retrait peuvent-ils s'exercer ?

Document 15 *Une violation du droit de retrait*

Aucune sanction ne peut être prise à l'encontre d'un salarié qui s'est retiré d'une situation de travail dont il avait un motif raisonnable de penser qu'elle présentait un danger grave et imminent pour sa vie ou pour sa santé ; qu'il résulte des énonciations de l'arrêt attaqué que le licenciement de M. Thierry X... était intervenu à raison de l'exercice légitime de son droit de retrait ; qu'en refusant d'annuler le licenciement de M. Thierry X..., la cour d'appel a violé la loi [...].

Cass. soc., 28 janvier 2009.

Question **20.** Pourquoi la Cour de cassation désapprouve-t-elle les juges du fond ?

Document 16 *Ne pas abuser de son droit de retrait*

Cour de cassation - Chambre sociale - 24 septembre 2013 (extrait)

Attendu, selon l'arrêt attaqué (Lyon, 7 novembre 2011), que MM. X... et Y... ont été engagés respectivement les 20 octobre 2003 et 18 août 2006 par la société Véolia Transport Rhône-Alpes interurbain [...] ; que Mme Z... et MM. A... et B... ont été engagés selon contrats de professionnalisation [...] ;
Attendu qu'il est fait grief à l'arrêt de dire qu'à compter du 28 juin 2007, les salariés n'avaient plus de motif raisonnable de penser que leur situation de travail présentait un danger grave et imminent pour leur vie ou leur santé, de débouter M. Y... de ses demandes d'annulation de l'avertissement et de dommages et intérêts pour préjudice moral, de dire que les licenciements de MM. A..., X... et B... et de Mme Z... reposent sur une faute grave et de les débouter de leurs demandes [...] ;
Mais attendu qu'ayant retenu qu'à compter du 28 juin 2007, les salariés n'avaient pas de motif raisonnable de penser que la situation de travail dans laquelle ils se trouvaient présentait un danger grave ou imminent pour leur vie ou pour leur santé et ayant constaté qu'après cette date ils ont persisté dans leur refus de reprendre le travail malgré des mises en garde de l'employeur, la cour d'appel [...] a pu décider que ce comportement rendait impossible leur maintien dans l'entreprise et constituait une faute grave ; [...]
PAR CES MOTIFS : REJETTE le pourvoi [...].

Question **21.** En quoi l'affaire rapportée dans le document 16 montre-t-elle que l'exercice du droit de retrait ne doit pas être abusif de la part du salarié ? Quelle sanction le salarié encourt-il ?

II Le principe de précaution

A. Le principe de précaution dans les textes

Document 17 *Définition du principe de précaution*

Définition du principe de précaution en droit français

Le principe de précaution est le principe au nom duquel des mesures de précaution peuvent être prises en situation d'incertitude scientifique, lorsque des dommages graves ou irréversibles sont pressentis.

Le principe de prévention, quant à lui, est le principe au nom duquel des mesures préventives peuvent être décidées face à un risque connu et bien évalué du point de vue scientifique.

D'après www.sante-environnement.be

Question 1. Quelle différence y a-t-il entre principe de précaution et principe de prévention ?

Document 18 *Les textes fondateurs en droit européen et en droit français*

DROIT EUROPÉEN

- 2000 — **Résolution du Conseil européen de Nice des 7, 8 et 9 décembre 2000**
  Affirmation de l'application du principe de précaution également à la santé humaine, aux domaines vétérinaire et phytosanitaire.
- 1992 — **Traité de Maastricht du 20 septembre 1992**
  Affirmation de la priorité de la protection de l'environnement et du principe de précaution.

DROIT FRANÇAIS

- 2005 — **Charte de l'environnement du 28 février 2005**
  Adossée à la Constitution, « *afin d'inscrire une écologie humaniste dans notre pacte républicain* ».
- 1995 — **Loi Barnier du 2 février 1995**
  Instauration explicite du principe de précaution, initialement inscrit à l'article L. 200-1 du Code rural.

Document 19 *L'évolution de la Charte de l'environnement*

La Charte de l'environnement, un texte constitutionnel

La Charte de l'environnement a été adoptée le 28 février 2005 par le Parlement réuni en congrès à Versailles, avec plus de 95 % des suffrages exprimés. Elle place désormais les principes de sauvegarde de notre environnement au même niveau que les droits de l'homme et du citoyen de 1789 et que les droits économiques et sociaux du Préambule de 1946.

Article 5

Lorsque la réalisation d'un dommage, bien qu'incertaine en l'état des connaissances scientifiques, pourrait affecter de manière grave et irréversible l'environnement, les autorités publiques veillent, par application du principe de précaution et dans leurs domaines d'attribution, à la mise en œuvre de procédures d'évaluation des risques et à l'adoption de mesures provisoires et proportionnées afin de parer à la réalisation du dommage.

Questions

2. À quel niveau se situe la Charte de l'environnement dans la hiérarchie des textes de droit interne ? Justifiez votre réponse.
3. En étant intégré dans un texte constitutionnel, quelle conséquence le principe de précaution a-t-il sur l'ensemble des lois ?

B. Les domaines spécifiques du principe de précaution

Document 20 *Les OGM selon le Code de l'environnement*

Article L. 531-2-1 (loi du 25 juin 2008, art. 2)

Les organismes génétiquement modifiés ne peuvent être cultivés, commercialisés ou utilisés que dans le respect de l'environnement et de la santé publique, des structures agricoles, des écosystèmes locaux et des filières de production et commerciales qualifiées « sans organismes génétiquement modifiés », et en toute transparence. [...]

Les décisions d'autorisation concernant les organismes génétiquement modifiés ne peuvent intervenir qu'après une évaluation préalable indépendante et transparente des risques pour l'environnement et la santé publique. [...] La liberté de consommer et de produire avec ou sans organismes génétiquement modifiés, sans que cela nuise à l'intégrité de l'environnement et à la spécificité des cultures traditionnelles et de qualité, est garantie dans le respect des principes de précaution, de prévention, d'information, de participation et de responsabilité inscrits dans la Charte de l'environnement de 2004 et dans le respect des dispositions communautaires.

Questions

4. La culture des OGM en Europe est-elle interdite ou surveillée ? Justifiez.
5. Qu'est-ce qui justifie les mesures prises par la loi du 25 juin 2008 ?

Document 21 *La santé publique*

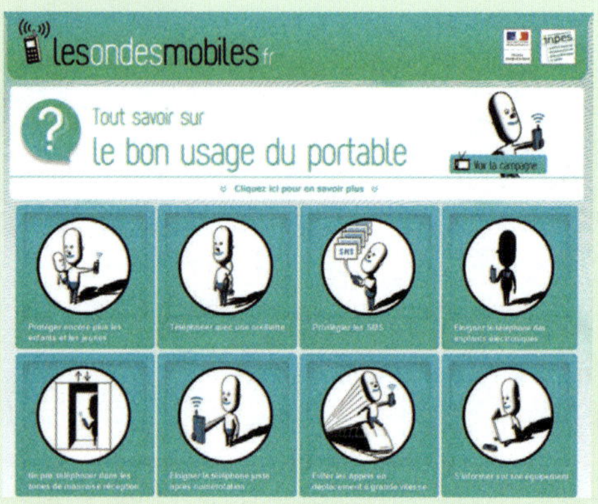

L'INPES lance une campagne sur les ondes des téléphones portables

À travers un site Internet et plusieurs vidéos, l'INPES (Institut national de prévention et d'éducation pour la santé) vient de lancer une campagne d'information sur les ondes des téléphones portables.

L'objectif de cette campagne de l'INPES est de mieux informer les Français sur les risques potentiels liés aux ondes émises par les téléphones portables. Afin d'informer le grand public de manière simple et claire, l'INPES a lancé un site Internet : www.lesondesmobiles.fr.

www.buzz-esante.com

Questions

6. À quel domaine de protection se rattache la campagne d'information présentée dans le document 21 ? En quoi les mesures prises relèvent-elles du principe de précaution ?
7. En quoi ces mesures posent-elles le problème de l'équilibre entre anticipation et prudence d'une part, développement et innovation d'autre part ?

Document 22 *La sécurité alimentaire*

Avis de l'EFSA (Agence européenne de sécurité alimentaire) sur six colorants alimentaires

Le groupe d'experts de l'EFSA en charge des additifs alimentaires a commencé la réévaluation de tous les colorants alimentaires autorisés (45 au total). La Commission européenne a demandé à l'EFSA de considérer six colorants en priorité car certaines préoccupations de sécurité ont été soulevées à leur sujet.

Quelles ont été les principales conclusions de l'EFSA ?

Après voir examiné toutes les preuves scientifiques disponibles, le groupe d'experts a décidé de réduire la dose journalière acceptable (DJA) pour trois des six colorants en question (...). En revanche, le groupe scientifique n'a pas modifié les DJA établies pour les trois autres colorants évalués. (...)

Que se passera-t-il à l'avenir ?

Le rôle de l'EFSA est d'offrir un avis scientifique indépendant. Toute action de suivi ultérieure incombe aux décideurs, à savoir la Commission européenne, le Parlement européen et les États membres de l'UE.

www.efsa.europa.eu

Questions

8. Comment les autorités se préparent-elles à l'éventuelle nécessité de mettre en œuvre le principe de précaution dans le domaine de l'alimentation ?
9. D'après vous, pourquoi les mesures d'interdiction doivent-elles être adoptées avec prudence ?

III Le risque « sécurité » dans la vente de biens et services

Document 23 *La portée de l'obligation de sécurité et le rôle du client*

Si le client joue un rôle actif dans l'exécution du contrat, comme le skieur qui emprunte un tire-fesses, le professionnel est tenu d'une obligation de sécurité de moyens (il doit faire son possible pour que son cocontractant n'ait pas de problème). En revanche, si le client est passif durant l'exécution du contrat, comme le skieur dans une télécabine, le professionnel est tenu d'une obligation de sécurité de résultat (il doit assurer à son cocontractant qu'il ne subira pas de dommage).
Si le skieur était victime d'un accident : dans le premier cas, il devrait établir une faute du professionnel ; dans le second cas, la faute du professionnel serait présumée.

Questions

1. L'obligation de sécurité est-elle une obligation de résultat ou de moyens ?
2. Montrez l'articulation entre principe de prévention et principe de précaution.

Document 24 *Des clauses préventives*

1. La clause prévoyant que « toutes dégradations ou détériorations des matériels et accessoires confiés » et que « toutes réparations autres que celles provenant d'une usure normale, engageront la responsabilité du client et seront facturées par le professionnel suivant le coût de remplacement ou de remise en état » est **abusive** en ce qu'elle crée un déséquilibre économique [entre les parties].
2. N'est **pas abusive** la clause qui prévoit que « le client avisera immédiatement le professionnel de toute anomalie, fonctionnement défectueux ou dommage survenu au matériel de stockage, qu'il ne l'utilisera pas avant réparation et qu'il confirmera, par lettre recommandée avec accusé de réception dans les huit jours suivant son appel et prendra par ailleurs, s'il y a lieu, toutes mesures utiles pour sauvegarder les droits respectifs des parties » [...].

D'après le jugement du TGI de Nanterre du 4 février 2004.

Question

3. Quelle condition doit respecter la clause contractuelle qui permettra au professionnel d'associer le consommateur à la prévention des risques ? Expliquez.

Document 25 *Des instances publiques dédiées à la sécurité des produits vendus*

1. L'Anses (Agence nationale de sécurité sanitaire de l'alimentation, de l'environnement et du travail)

Les missions de l'Anses [...] couvrent l'évaluation des risques dans les domaines de l'alimentation, de l'environnement et du travail, en vue d'éclairer les pouvoirs publics dans leur politique sanitaire. Établissement public à caractère administratif, l'Agence est placée sous la tutelle des ministres chargés de la Santé, de l'Agriculture, de l'Environnement, du Travail et de la Consommation.
L'Anses met en œuvre une expertise scientifique indépendante et pluraliste. Elle contribue principalement à assurer la sécurité sanitaire humaine dans les domaines de l'environnement, du travail et de l'alimentation.

www.anses.fr

2. Le LNE (Laboratoire national de métrologie et d'essais)

Code de la consommation – Article L. 823-1 (créé par ordonnance n° 2016-301 du 14 mars 2016) Le laboratoire de métrologie et d'essais [...] est chargé de réaliser tous travaux d'étude, de recherche, de consultation, d'expertise, d'essai, de contrôle et toutes prestations d'assistance technique utiles à la protection et à l'information des consommateurs ou à l'amélioration de la qualité des produits. [...] Cet établissement peut également être chargé : d'étudier, pour le compte et à la demande des ministres intéressés, des méthodes d'essais nécessaires à l'élaboration de règlements et de normes, notamment en matière d'hygiène, de sécurité, de protection de la nature et de l'environnement, d'économie d'énergie et de matières premières, et, plus généralement, d'aptitude à l'emploi des produits [...].

www.securiteconso.org

Questions

4. En quoi les instances présentées illustrent-elles l'action préventive des pouvoirs publics face aux risques pour la santé des consommateurs ?
5. Quelles actions de l'Anses et du LNE relèvent du principe de précaution ?

Entraînement à l'analyse d'une situation juridique

Les compétences attendues
- Déterminer le dispositif juridique adapté pour prévenir un risque.
- Analyser la pertinence juridique de clauses insérées dans un contrat au regard de l'anticipation de risques recherchée.

M. et Mme Virale habitent une maison située dans la banlieue de Toulouse. Leur propriété est dominée par un promontoire, qui est un terrain communal. Depuis quelques jours, un chantier s'est ouvert : il s'agit des travaux d'installation d'une antenne-relais d'un opérateur de téléphonie mobile. Une fois installée, l'antenne se situera à moins de 100 mètres de leur maison.

Afin de rassurer M. et Mme Virale et de les dissuader de s'associer à des protestations qui se font jour dans le quartier, un représentant de l'opérateur mobile leur propose un dédommagement forfaitaire pour le trouble visuel et leur fait signer une convention, dont un extrait est reproduit en annexe 3.

Questions

Vous traiterez les dossiers suivants à l'aide des annexes et de vos connaissances.

Dossier 1 – La nature du risque encouru par M. et Mme Virale

M. et Mme Virale s'inquiètent des conséquences possibles sur leur santé de la proximité de l'antenne-relais. Ils se demandent quel est, sur le plan juridique, le principe qu'ils peuvent invoquer pour lutter contre l'opérateur.

- Répondez, en argumentant, à l'interrogation de M. et Mme Virale.

Dossier 2 – L'action judiciaire contre l'opérateur

Regrettant d'avoir signé la convention, M. et Mme Virale sont bien décidés à saisir la justice pour faire reculer l'opérateur.

1. Expliquez le sens des décisions judiciaires évoquées dans l'annexe 2. Comment les époux Virale doivent-ils argumenter pour avoir une chance d'obtenir gain de cause ?
2. La clause de la convention passée avec l'opérateur (annexe 3) peut-elle leur être opposée pour combattre leurs arguments ? Justifiez votre réponse.

Annexe 1

JOURNAL OFFICIEL DE LA RÉPUBLIQUE FRANÇAISE

Avis et communications

COMMISSION GÉNÉRALE DE TERMINOLOGIE ET DE NÉOLOGIE

Vocabulaire de l'environnement [extrait]

Principe de précaution

Définition : principe selon lequel l'éventualité d'un dommage susceptible d'affecter l'environnement de manière grave et irréversible appelle, malgré l'absence de certitudes scientifiques sur les risques encourus, la mise en œuvre de procédures d'évaluation des risques et l'adoption de mesures provisoires et proportionnées au dommage envisagé.

Principe de prévention

Définition : principe selon lequel il est nécessaire d'éviter ou de réduire les dommages liés aux risques avérés d'atteinte à l'environnement, en agissant en priorité à la source et en recourant aux meilleures techniques disponibles.

Note : le principe de précaution doit être distingué du principe de prévention, qui s'applique exclusivement aux risques avérés.

L'antenne de la discorde

Annexe 2

Antennes relais de téléphonie mobile : en attente de la publication d'une loi

Les opérateurs (Orange, SFR et Bouygues Telecom) ont des obligations de couverture du territoire national. [...] Les effets de ces implantations sur notre santé créent la polémique et le débat est aussi juridique. Ainsi, partout en France, les propriétaires riverains, seuls ou par le biais d'une association, n'hésitent pas à assigner les opérateurs devant les juridictions judiciaires ou administratives en mettant en avant le principe de précaution à valeur constitutionnelle.

1. La réglementation française actuelle définit des valeurs limites d'exposition du public largement supérieures à celle des autres pays étrangers.

La France adhère à la recommandation n° 1999/519/CE du 12 juillet 1999 du Conseil de l'Union européenne qui a été transposée par le décret n° 2002.775 du 3 mai 2002 relatif aux valeurs limites d'exposition du public aux champs électromagnétiques émis par les équipements utilisés dans les réseaux des télécommunications ou par les installations radioélectriques. [...]
Les articles 183 et 184 de la loi n° 2010.788 du 12 juillet 2010 portant engagement national pour l'environnement (Grenelle 2) adoptent certaines mesures phares : le renforcement de la transparence en matière de mesures d'exposition aux radiofréquences, le recensement [...] des points noirs du territoire où le taux d'exposition aux radiofréquences dépasse la moyenne nationale. [...]

2. La réglementation européenne et des autres pays

Le **Parlement européen**, sur la base des connaissances scientifiques disponibles, a adopté le 2 avril 2009 une résolution (n° 2008/2211 INI) qui confirme l'existence d'un risque lié aux champs électromagnétiques pour la santé humaine. [...]
Cette certitude conduit la Communauté européenne non seulement à envisager le renforcement de ses normes concernant les seuils limites, mais également à favoriser clairement une mise en œuvre du principe de précaution.
En effet, certains pays européens ont déjà considérablement baissé leur taux d'exposition. [...]
Le **Conseil de l'Europe** a pris une résolution le 27 mai 2011 demandant aux gouvernements européens d'établir que les limites préventives pour les niveaux d'exposition aux micro-ondes en tout lieu intérieur, en accord avec le principe de précaution, ne dépassent pas 0,6 V/m (volts par mètre) et à moyen terme de les réduire à 0,2 V/m.

3. La jurisprudence tant judiciaire qu'administrative est divisée quant à l'application du principe de précaution.

Les juges de l'ordre judiciaire [...] condamnent certains opérateurs à démonter les antennes au nom du principe de précaution [...] sous le fondement juridique ancien des troubles de voisinage.
Les cours d'appel rendent des décisions divergentes. [...]
La Cour de cassation dit la juridiction judiciaire incompétente pour connaître du litige. [...]
Le Conseil d'État poursuit la construction d'un cadre jurisprudentiel limitant l'influence des autorités locales sur le processus d'implantation des antennes relais. [...] « L'État est seul compétent pour édicter les normes en la matière et veiller à la protection de la santé publique. » [...]

Une proposition de loi a été déposée à l'Assemblée nationale le 8 juillet 2009 sans qu'un projet de loi n'ait pu aboutir. Le 24 avril 2013, Jean-David Ciot, député socialiste, a déposé une proposition de loi relative à la régulation de l'installation des antennes relais de téléphonie mobile. [...]

Dominique Roumaneix, www.village-justice.com, avril 2013.

Annexe 3

Convention passée entre l'opérateur X... et M. et Mme Virale (extrait)

Il est convenu entre les parties que M. et Mme Virale, informés du respect des normes européennes et françaises d'installation de l'antenne-relais située à proximité de leur domicile, reçoivent ce jour la somme de 1 000 euros en dédommagement de tous les préjudices visuels et esthétiques consécutifs à l'installation du relais. Ils déclarent avoir été correctement informés des taux d'exposition aux ondes de 3 volts/mètre et renoncer à toute demande d'indemnité complémentaire et, en particulier, à toute action judiciaire qui serait fondée sur un prétendu risque sanitaire.

Sens de la leçon

Les principes de prévention et de précaution et l'obligation de sécurité

1 Le principe de prévention s'appuie sur deux éléments majeurs.

L'anticipation et l'évaluation des risques
- Les risques technologique et environnemental
- Les risques au travail

Une méthodologie de la prévention
- Protection de la santé du salarié au travail encadrée (DUER)
- Composante de la politique de santé publique

2 La notion de santé au travail s'élargit.

La santé revêt différents aspects
- La santé physique
  La santé mentale
  Les troubles psychosociaux

Elle fait l'objet d'une protection multiforme
- Des instances de protection :
  – l'inspecteur et le contrôleur du travail
  – le médecin du travail
  – le CSE
- En cas de danger grave et imminent pour le salarié :
  – droit d'alerte
  – droit de retrait

3 La précaution : un principe d'action face à un risque potentiel plausible bien qu'encore incertain.

Le sens du principe de précaution
- Principe découlant de la prise de conscience des dangers encourus par l'environnement.

La portée de ce principe
- Au nom de ce principe, des mesures peuvent être prises en situation d'incertitude scientifique, lorsque des dommages sont envisageables.

Le principe de précaution s'applique dans des domaines spécifiques
- La protection de l'environnement
- La protection de la santé publique
- La sécurité alimentaire

4 Le risque « sécurité » dans la vente de biens et services

L'obligation de sécurité des professionnels articule prévention et précaution
- – Une obligation de résultat si le client est passif dans l'exécution du contrat ;
  – Une obligation de moyens s'il a un rôle actif.
- – Clauses contractuelles interdites : celles qui excluent le droit à réparation ;
  – Clauses licites : celles qui associent le client à la sécurité.
- Des instances publiques qui prennent des mesures pour retirer du marché les produits présentant un danger grave et immédiat.

7 Le dommage et sa réparation dans les différents cas de responsabilité

Éléments du droit positif : 523-1

- **Notions de dommage, de réparation, de responsabilité contractuelle et extracontractuelle (délictuelle)**

Les compétences attendues	Le plan du chapitre
• Analyser une situation de dommage	**I – Le dommage et sa réparation** A • Les différents dommages B • La réparation du dommage
• Identifier la nature juridique de la responsabilité dans une situation donnée	**II – Les différentes responsabilités** A • La responsabilité contractuelle B • La responsabilité extracontractuelle

Mise en situation

Luc Vasseur exerce, depuis de nombreuses années, une activité de restauration dans le centre-ville de Bourges. Il y a trois mois, un concurrent s'est installé en face de son restaurant ; depuis, son chiffre d'affaires a sensiblement reculé. Il faut dire que l'humour de son rival lui paraît critiquable : chaque jour, après que M. Vasseur a affiché sa carte, son concurrent en affiche une copie sur un support avec la mention : « Vous ne verrez – heureusement – jamais ça chez nous ! »

Luc Vasseur envisage de confier l'affaire à un avocat, car il se pose des questions. Ne peut-il pas estimer que son concurrent commet une faute ? Comment apprécier les dommages qu'il subit ? Quelle réparation exiger ?

I Le dommage et sa réparation

A. Les différents dommages

Document 1 *Le dommage corporel : les atteintes à l'intégrité physique*

Questions

1. Quels sont les dommages visiblement subis par la victime de l'accident ?
2. Le décès étant le dommage corporel le plus grave, qui en demande réparation lorsqu'il survient ?

Document 2 *Les différents cas de dommages matériels*

1. Destruction ou dégradation d'une chose
2. Perte économique
3. Manque à gagner
4. Perte de ressources

Un exemple : l'indemnisation des passagers de vols retardés

Dans un arrêt rendu le 19 novembre 2009, la CJCE (Cour de justice des Communautés européennes)* a jugé que les passagers d'un vol retardé, lorsqu'ils atteignent leur destination finale trois heures ou plus après l'arrivée prévue, peuvent, comme des passagers de vols annulés, demander une indemnisation forfaitaire à la compagnie aérienne, à moins que le retard ne soit dû à des circonstances extraordinaires.

Par cet arrêt, la CJCE précise les droits dont les passagers d'un vol retardé disposent vis-à-vis de la compagnie aérienne selon le règlement CE n° 261/2004 établissant des règles communes en matière d'indemnisation et d'assistance des passagers en cas de refus d'embarquement et d'annulation ou de retard important d'un vol.

* Aujourd'hui CJUE (Cour de justice de l'Union européenne).

www.lexisnexis.fr

Questions

3. Donnez des exemples concrets de dommages matériels.
4. Quel dommage la Cour de justice oblige-t-elle à indemniser par sa décision du 19 novembre 2009 ? Qui en est responsable ?

Document 3 *Le dommage d'agrément*

Définition : dommage résultant, à la suite d'un accident et d'un préjudice corporel, de la privation de certaines activités de la vie courante, comme, par exemple, la pratique d'un sport, l'exercice d'une activité artistique, etc.

Question

5. Pourquoi le dommage d'agrément est-il difficile à évaluer selon les victimes?

Document 4 *L'atteinte à la vie privée*

CONDAMNATION JUDICIAIRE

Par ordonnance du 29 juillet 2015, le juge des référés du Tribunal de grande instance de Paris a condamné la société Hachette Filipacchi Associés, éditrice de l'hebdomadaire ICI PARIS, au paiement de dommages-intérêts provisionnels, pour avoir porté atteinte au respect de l'intimité de la vie privée et au droit à l'image de Charlotte CASIGHARI, en publiant, en pages 8 et 9 du numéro 3648 d'ICI PARIS, daté du 3 au 9 juin 2015, un article annoncé sur la quasi-totalité de la page de couverture.

(Publication imposée en couverture du numéro 3661 d'ICI PARIS du 2 au 8 septembre 2015.)

Questions

6. Quels sont les faits à l'origine de l'action judiciaire contre Hachette Filipacchi ?
7. Quels sont les dommages dont Charlotte Casighari (princesse de Monaco) se plaint ?

DOCUMENT 5 *L'atteinte au sentiment d'affection*

Arrêt de la Cour de cassation, 13 février 1923

Attendu que Templier ayant été mortellement blessé par un cheval qui appartenait à Lejars, l'arrêt attaqué a condamné celui-ci, par confirmation du jugement, à payer aux trois fils et à la fille de Templier une indemnité comprenant, en outre du préjudice matériel, le dommage moral résultant de la douleur qu'éprouvent les enfants par la mort de leur père; qu'en statuant ainsi, il n'a pas violé l'article 1382 du Code civil (auj. art. 1240), visé au moyen; qu'en effet, cet article, d'après lequel quiconque par sa faute cause à autrui un dommage est obligé de le réparer, s'applique, par la généralité de ses termes, aussi bien au dommage moral qu'au dommage matériel [...]; Par ces motifs : rejette le pourvoi [...].

Note de doctrine

La jurisprudence a admis très tôt la réparation du préjudice moral (arrêt de la Cour de cassation du 25 juin 1833). [...] Les dommages moraux les plus divers ont été pris en compte : atteinte à un droit extrapatrimonial (droit à l'honneur, droit au nom, droit au respect de la vie privée, etc.), souffrances diverses endurées par la victime d'un *pretium doloris*, préjudice esthétique, préjudice d'agrément [...], préjudice d'affection, c'est-à-dire la douleur morale que cause à ses proches la disparition d'un être cher ou la constatation de sa déchéance physique ou mentale. [...] La solution a été affirmée de la façon la plus nette dans l'arrêt reproduit ci-contre.

H. Capitant, A. Weill, F. Terré, Y. Lequette, *Les Grands Arrêts de la jurisprudence civile*, Dalloz, 12e édition.

Questions

8. Quel est l'apport de l'arrêt de la Cour de cassation du 13 février 1923 à la définition du dommage moral ?

9. Montrez que le dommage moral peut prendre des formes très variées.

DOCUMENT 6 *Les particularités du préjudice écologique*

Sur le plan juridique, la notion de dommage est le plus souvent entendue de manière étroite, sous la forme d'une perte corporelle ou matérielle qui affecte la propriété d'une personne physique ou morale, ou d'un État. La prise en compte juridique des dommages à l'environnement est rendue assez délicate dans ces conditions, dans la mesure où il s'agit d'atteintes à des ressources naturelles qui ne sont pas attachées à un droit de propriété bien défini et reconnu.

http://coordination-maree-noire.eu

DOCUMENT 7 *La reconnaissance du préjudice écologique*

Comment définir le préjudice écologique et créer un régime de réparation du dommage environnemental dans le Code civil ? Telles sont les questions auxquelles répond le rapport remis au ministre de la Justice par un groupe d'experts. [...] Le rapport propose d'ajouter les atteintes à l'environnement. Déjà, l'arrêt de la Cour de cassation du 25 septembre 2012, à la suite du naufrage de l'*Erika*, reconnaissait implicitement la notion de responsabilité environnementale.

www.vie-publique.fr

Questions

10. À quelle occasion le préjudice écologique a-t-il été reconnu par les juges ?

DOCUMENT 8 *Des articles nouveaux dans le Code civil (créés par la loi du 8 août 2016)*

Article 1246 - Toute personne responsable d'un préjudice écologique est tenue de le réparer.
Article 1247 - Est réparable, dans les conditions prévues au présent titre, le préjudice écologique consistant en une atteinte non négligeable aux éléments ou aux fonctions des écosystèmes ou aux bénéfices collectifs tirés par l'homme de l'environnement.
Article 1249 - La réparation du préjudice écologique s'effectue par priorité en nature. En cas d'impossibilité de droit ou de fait ou d'insuffisance des mesures de réparation, le juge condamne le responsable à verser des dommages et intérêts, affectés à la réparation de l'environnement, au demandeur ou, si celui-ci ne peut prendre les mesures utiles à cette fin, à l'État. L'évaluation du préjudice tient compte, le cas échéant, des mesures de réparation déjà intervenues [...].

Questions

11. En quoi le préjudice écologique se distingue-t-il des préjudices précédemment reconnus par le droit ?

12. Quel est l'intérêt des articles récemment incorporés au Code civil ?

B. La réparation du dommage

1. Les règles communes à tous les cas de responsabilité civile

Document 9 *Les trois éléments de la responsabilité*

FAITS DOMMAGEABLES
- Faute contractuelle
- Fait générateur non contractuel : faute personnelle, fait d'une chose, fait d'autrui

→ **LIEN DE CAUSALITÉ** →

DOMMAGES
- Corporel
- Matériel
- Moral
- Écologique

Question **13.** Dans quel cas un fait dommageable peut-il ne créer aucun dommage ?

Document 10 *Pas de dommage réparé en l'absence de lien de causalité*

Attendu que l'arrêt retient que l'indemnisation du préjudice personnel subi par Mme X… à la suite du décès de son époux suppose que ce décès soit en relation avec la pathologie liée à l'amiante dont celui-ci a été reconnu atteint ; […]
Attendu que le litige porte sur le lien de causalité entre la pathologie de Raymond X… liée à l'amiante et le décès, Raymond X… étant également atteint d'une pathologie cardiaque et d'une broncho-pneumopathie chronique obstructive post-tabagique sans rapport avec l'amiante ; que l'expert judiciaire conclut que le décès est dû à un accident vasculaire cérébral hémorragique survenu dans les suites d'une coronarographie ; qu'aucun lien n'existant entre le décès et la pathologie liée à l'amiante dont Raymond X… était atteint, il y a lieu de confirmer la décision ;
[…] Et attendu qu'aucun lien n'existant entre le décès de Raymond X… et la pathologie liée à l'amiante dont il était atteint, la demande d'indemnisation de Mme X… devait être rejetée ;
PAR CES MOTIFS : REJETTE le pourvoi […].

Cour de cassation, arrêt du 7 mai 2009.

Questions **14.** Quels sont les faits et qui se prétend victime d'un dommage ? Quel serait le fait dommageable ?

15. Pour quelle raison la Cour de cassation rejette-t-elle le pourvoi ?

Document 11 *La prise en compte du seul dommage direct*

1. M. Galon achète une vache au marché à bestiaux.
2. Elle se révèle malade.
3. Elle contamine tout le troupeau.
4. M. Galon est ruiné.

Questions **16.** D'après cet exemple, pourquoi peut-il être difficile de déterminer la limite du préjudice indemnisable ?

17. Pourquoi et comment le juge doit-il interrompre la chaîne des dommages « en cascade » pour indemniser la victime ?

DOCUMENT 12 *L'exonération par la force majeure*

La force majeure, à laquelle il convient d'assimiler le cas fortuit, se définit traditionnellement comme l'« événement imprévisible et irrésistible qui, provenant d'une cause extérieure au débiteur d'une obligation ou à l'auteur d'un dommage (force de la nature, fait d'un tiers, fait du prince), le libère de son obligation ou l'exonère de sa responsabilité » (*Vocabulaire juridique*, Association Henri Capitant, sous la direction de G. Cornu, PUF, 2000, p. 375). En d'autres termes, la force majeure est un fait présentant certains caractères et dont la conséquence principale est d'exclure la responsabilité d'une personne. Elle constitue une espèce de cause étrangère. Elle est la traduction en droit positif de l'adage « à l'impossible nul n'est tenu ».

Droit de la responsabilité, Lamy.

Questions

18. Qui peut invoquer la force majeure ? Quel est son effet ? Qu'est-ce qui le justifie ?

19. Donnez des exemples de faits constitutifs de force majeure.

2. Les modes de réparation

DOCUMENT 13 *Les deux types de réparation*

La réparation en nature, tendant au rétablissement exact de la situation précédemment troublée, constitue de toute évidence la démarche la plus satisfaisante. Il arrive que l'on puisse y parvenir. Parfois, on s'en approche sans assurer pourtant une véritable adéquation : ainsi, la publicité du jugement condamnant l'auteur d'une diffamation tend à détruire les effets de la malveillance. À vrai dire, l'on glisse alors du domaine de la réparation en nature à celui - plus étendu - de la réparation par équivalent. Le plus souvent, la réparation, effectuée en valeur, consiste dans l'octroi de dommages et intérêts, c'est-à-dire d'une somme d'argent.

F. Terré, *Introduction générale au droit*, coll. Les Précis, série Droit privé, Dalloz, 8e édition.

DOCUMENT 14 *Le rôle du juge : l'évaluation des dommages-intérêts*

La réparation intégrale du dommage : le montant des dommages-intérêts alloués par le juge doit couvrir l'intégralité du préjudice réparable par le créancier, mais ne doit pas le dépasser. C'est là une règle essentielle, qui s'applique aussi bien à la responsabilité contractuelle qu'à la responsabilité délictuelle.

F. Terré, P. Simler, Y. Lequette, *Droit civil, Les obligations*, coll. Les Précis, série Droit privé, Dalloz, 9e édition.

Questions

20. Dans quel cas un dommage peut-il être réparé en nature ? Donnez un exemple.

21. Quel est le rôle du juge en matière d'indemnisation ? Quels éléments prend-il en compte pour décider ?

DOCUMENT 15 *L'évaluation des souffrances endurées* (pretium doloris)

Le *pretium doloris* est calculé sur une échelle de 0 à 7.
Il s'agit d'indemniser ici toutes les souffrances physiques et morales subies la victime pendant la maladie traumatique et jusqu'à la consolidation.

Barème indicatif d'indemnisation des préjudices personnels par les juges

Très léger (1/7) jusqu'à 2 000 € - Léger (2/7) 2 000 à 4 000 € - Modéré (3/7) 4 000 à 8 000 € - Moyen (4/7) 8 000 à 20 000 € - Assez important (5/7) 20 000 à 35 000 € - Important (6/7) 35 000 à 50 000 € - Très important (7/7) 50 000 à 80 000 € - Exceptionnel 80 000 € et plus.

Question

22. Dans quelle mesure les barèmes judiciaires d'indemnisation des souffrances endurés peuvent-ils faciliter le règlement des litiges ?

II Les différentes responsabilités civiles

A. La responsabilité contractuelle

1. La faute contractuelle

Document 16 *L'inexécution du contrat*

Le préjudice subi par une partie du fait de l'inexécution de son obligation par le cocontractant doit être réparé par le versement de dommages-intérêts. Cette obligation est appelée la « responsabilité contractuelle ».

Droit - L'essentiel du cours pour l'IUT, Nathan.

Document 17 *Les différents types d'inexécution du contrat*

1. Inexécution totale	**a)** Le transporteur livre seulement une partie des colis.
2. Exécution défectueuse	**b)** L'emprunteur ne respecte pas les dates d'échéance.
3. Exécution partielle	**c)** Le vendeur ne livre pas le bien.
4. Retard dans l'exécution	**d)** Le maçon construit un mur qui n'est pas droit.

Question

1. Indiquez, pour chaque cas de faute contractuelle, le type d'inexécution qui lui correspond.

2. L'obligation de moyens et l'obligation de résultat

Document 18 *Les différentes obligations contractuelles*

Type d'obligation contractuelle	Exemples	Éléments à prouver par le demandeur	Exonération du défendeur
Obligation de résultat Le cocontractant s'engage sur un résultat déterminé.	– Obligation du transporteur – Obligation de l'assureur – Obligation du vendeur	– Dommage – Inexécution de l'obligation contractuelle	Force majeure ou autre cause étrangère (fait d'autrui ou fait de la victime)
Obligation de moyens Le cocontractant s'engage à faire son possible pour fournir un résultat espéré.	– Obligation du médecin – Obligation de l'avocat	– Dommage – Inexécution de l'obligation contractuelle – Faute du cocontractant	Absence de faute du défendeur

Document 19 *L'obligation de sécurité : une obligation de résultat*

Les juges du fond, à défaut même de clause contractuelle, ont considéré que le contrat de transport SNCF comporte une obligation de sécurité. La Cour de cassation estime même que cette obligation de sécurité est une obligation de résultat : le voyageur transporté par la SNCF doit ainsi être conduit sain et sauf à destination, de l'instant où il monte dans le véhicule jusqu'au moment où il en achève la descente (Cass. civ., 21 nov. 1911).

On considère de manière plus générale que le vendeur a une obligation de sécurité : il ne doit livrer que des produits exempts de tout vice ou de défaut de fabrication de nature à causer un danger pour les personnes et pour les biens (Cass. 1re civ., 11 juin 1991). Le garagiste, selon l'arrêt de la chambre civile de la Cour de cassation (Cass. 1re civ., 9 juin 1993), est aussi tenu à une obligation de sécurité en cas de réparation d'un véhicule. […]

La faute du débiteur d'une obligation de résultat existe du seul fait de l'absence d'obtention de ce résultat. La faute est, en quelque sorte, **présumée** si le résultat n'est pas atteint. En pratique, il appartiendra seulement aux créanciers d'établir l'engagement déterminé que le débiteur devait exécuter, et l'absence d'exécution par ce dernier.

Droit de l'entreprise, Lamy.

Questions

2. Selon qu'on est en présence d'une obligation de résultat ou de moyens, comment fait-on la preuve de la faute du cocontractant ?

3. Pourquoi la jurisprudence a-t-elle tendance à considérer fréquemment que l'obligation de sécurité du professionnel est une obligation de résultat ?

B. La responsabilité extracontractuelle

DOCUMENT 20 *L'origine de la responsabilité extracontractuelle*

Il y a responsabilité extracontractuelle dans tous les cas où un dommage est causé à une personne par autre chose qu'un contrat non exécuté ou mal exécuté.

DOCUMENT 21 *Code civil : différents faits générateurs de responsabilité extracontractuelle*

La faute personnelle	Le fait d'une chose	Le fait d'autrui
Article 1240 - Tout fait quelconque de l'homme, qui cause à autrui un dommage, oblige celui par la faute duquel il est arrivé à le réparer. **Article 1241** - Chacun est responsable du dommage qu'il a causé [...] par sa négligence ou par son imprudence.	**Article 1242 al. 1** - On est responsable non seulement du dommage que l'on cause par son propre fait, mais encore de celui qui est causé par le fait [...] des choses que l'on a sous sa garde.	**Article 1242** - On est responsable [...] du dommage [...] causé par le fait des personnes dont on doit répondre [...]. Les maîtres et les commettants [sont responsables] du dommage causé par leurs domestiques et préposés dans les fonctions auxquelles ils les ont employés [...].

DOCUMENT 22 *La responsabilité du commettant*

Le commettant peut être défini d'une manière large comme celui qui fait faire un travail à un autre, auquel il peut donner des consignes et des ordres.
Pour que le commettant soit responsable, il faut d'abord pouvoir rattacher un fait générateur au préposé. Le plus souvent, il a commis une faute personnelle.

À l'inverse, la responsabilité de l'employeur n'est pas engagée dans certaines circonstances précises déterminées par la Cour de cassation : si le salarié a agi sans autorisation, à des fins étrangères à ses attributions et hors des fonctions auxquelles il est employé.

DCG, Introduction au droit, Nathan.

Question

4. Qui est responsable des dommages causés par le salarié ? Cette responsabilité repose-t-elle sur une faute ? Pourquoi parle-t-on de responsabilité objective dans ce cas ?

DOCUMENT 23 *Une salariée indélicate*

Cour de cassation - arrêt du 20 novembre 2014 (extrait)

Attendu, selon l'arrêt attaqué (Bordeaux, 27 juin 2013) que, M. X... s'est adressé le 27 mars 2008 à Mme E..., conseillère en patrimoine à la Banque P..., pour connaître les conditions auxquelles la société civile immobilière La Coccinelle, qu'il avait créée avec M. Y..., pourrait obtenir un prêt en vue de l'acquisition de biens immobiliers ; qu'elle lui a fait diverses propositions commerciales à cette fin ; que les associés de la SCI apprenaient quelque temps plus tard que les quarante-sept parkings qu'ils projetaient d'acheter avaient été vendus à Mme E... et à son mari [...] ; qu'ils ont assigné Mme E... et la banque, son commettant, sur le fondement des articles 1382 (auj. 1240) et 1384, alinéa 5 (auj. 1242, al. 5), du Code civil, en responsabilité et indemnisation des préjudices financier et moral résultant de l'utilisation par Mme E... des informations confidentielles qu'elle avait recueillies dans le cadre de son activité professionnelle pour les devancer dans cette acquisition immobilière ; [...]
Attendu que la banque fait grief à l'arrêt de dire qu'elle est tenue, en application de l'article 1384, alinéa 5, du Code civil, de la faute imputée à sa préposée et de la condamner en conséquence *in solidum* (solidairement) avec Mme E... à verser à MM. Y... et X... les sommes de 150000 euros en réparation de leur préjudice matériel et 5000 euros en réparation de leur préjudice moral [...].
Mais attendu que [...] Mme E... avait commis le fait qui lui est reproché alors qu'elle exerçait les fonctions de conseillère patrimoniale de la banque, dans les locaux de cette dernière, et en utilisant les moyens mis à sa disposition par son employeur et en a exactement déduit que la préposée n'avait pas agi en dehors de ses fonctions et que la banque devait réparer le préjudice ainsi causé à MM. Y... et X... ; [...]
PAR CES MOTIFS : REJETTE le pourvoi [...].

Questions

5. Qualifiez les faits, les parties et précisez l'objet du litige dans cette affaire.

6. Précisez les fondements de l'action contre la salariée et contre la banque.

7. Quelles sont les circonstances prises en compte par les juges pour retenir la responsabilité de la banque ?

Entraînement à l'analyse d'une situation juridique et à la rédaction d'une note structurée

LES COMPÉTENCES ATTENDUES

- Identifier la nature juridique de la responsabilité dans une situation donnée.
- Analyser une situation de dommage.

M. Pascal Maillet vit en concubinage avec Mlle Julie Faraut. Cette dernière est une célèbre danseuse de flamenco, qui se produit dans de nombreuses salles de spectacle, en France comme à l'étranger. Habitant à Paris, elle a l'habitude de circuler en ville en scooter. Hélas, elle est un jour victime d'un accident de la circulation. L'automobiliste mis en cause est reconnu totalement responsable, malgré ses protestations.

Questions

À l'aide de vos connaissances et de la documentation annexée, traitez les situations juridiques suivantes.

Dossier 1 – Un accident de la circulation

Julie Faraut a été gravement blessée. Après plusieurs jours de coma et différentes opérations, elle a dû porter un corset durant six mois, sa colonne vertébrale ayant été touchée. Elle a également des séquelles, malgré une opération du genou, et il lui est désormais impossible de continuer à danser car elle boite. De plus, elle est sujette à des douleurs lorsqu'elle reste debout plus de trois heures d'affilée. Par ailleurs, le ski, le tennis et le golf, qu'elle pratiquait assidûment, sont aujourd'hui des loisirs impossibles.

1. Recensez les différents dommages subis par Julie Faraut.
2. Précisez quelle est la responsabilité mise en œuvre et comment s'opérera la réparation des différents dommages.

Dossier 2 – Les dommages subis par le concubin

Pascal Maillet est affligé par les malheurs de sa compagne. Mais il souhaite également que soient pris en compte les désagréments personnels qu'il subit du fait de l'inaptitude professionnelle de Julie Faraut. Il note que le niveau de vie du couple, tout comme le caractère de son amie, se sont dégradés et qu'il est moins heureux avec elle. Cela d'autant plus que les activités sportives qu'ils pratiquaient ensemble sont désormais interdites à Julie Faraut. Pascal Maillet est pourtant plein de doutes quant à ses possibilités d'obtenir réparation de ses propres préjudices.

1. Rédigez une note structurée précisant les droits d'un concubin à la suite des dommages subis par la personne avec qui il vit.
2. En quoi les préjudices par ricochet apparaissent-ils comme accessoires d'un dommage principal ? Comment peut-on justifier la prise en compte de ces préjudices par le juge ?

ANNEXE 1

Loi du 5 juillet 1985 : les accidents de la circulation

La loi de 1985 prend ses racines dans le développement de la responsabilité du fait des choses : responsabilité du fait du risque créé par l'usage d'une voiture dont on doit avoir la maîtrise. Elle va cependant beaucoup plus loin dans la logique indemnitaire. Toutes les victimes d'un accident de la circulation dans lequel est impliqué un « véhicule terrestre à moteur » bénéficient de cette loi. Elle leur est particulièrement favorable.

Conditions

- L'implication du véhicule : peu importe qu'il ait causé le dommage. Même à l'arrêt, du moment qu'il est heurté, le véhicule est impliqué ; il peut l'être même en cas d'absence de contact.
- Absence des causes d'exonération traditionnelles : traditionnellement, la victime pouvait se défendre en disant que le dommage avait été causé par un événement de force majeure, ou le fait d'un tiers. Dans la loi, la victime peut réclamer des dommages et intérêts sans que le conducteur du véhicule impliqué puisse invoquer ces causes d'exonération.
- Absence de prise en compte de la faute de la victime : la victime, pour l'indemnisation de son dommage personnel (physique ou moral), ne peut se voir opposer sa propre faute, sauf lorsqu'elle est elle-même conductrice.

P.-H. Corlay, *Le Droit privé*, Nathan, coll. « Repères pratiques ».

La danseuse accidentée

Annexe 2

Rapport médical établi par le Dr Bernard Rougier à la suite de l'examen de Mlle Julie Faraut (extrait)

Nous, Bernard Rougier, médecin expert près la cour d'appel de Paris, agissant à la demande de Julie Faraut, après la consolidation décidée par notre confrère Gilbert Levy, de l'hôpital Cochin de Paris, Déclarons :

Historique des préjudices. Mlle Julie Faraut a connu un accident de la circulation le 1er mars 2016. Il en est résulté un traumatisme crânien, ayant causé un coma de trois jours. Dès son hospitalisation, un tassement de deux vertèbres (lombaires nos 8 et 9) a été constaté, ainsi qu'une fracture ouverte du tibia et un enfoncement de la rotule. Une double opération a été effectuée dès le 2 mars, après immobilisation de la patiente dans un corset enserrant la partie supérieure de son corps. La victime a été obligée de porter ledit corset pendant six mois, connaissant, pendant cette période, de violentes douleurs persistantes. Aujourd'hui, Mlle Julie Faraut, qui présente un état clinique général satisfaisant, n'en est pas moins partiellement invalide.

Recommandations aux fins d'indemnisation. Mlle Faraut devra être indemnisée au titre du *pretium doloris*, que nous estimons de 5 sur une échelle de 0 à 7. Il devra également être tenu compte d'une IPP (incapacité physique permanente) estimée à 20 % et d'un préjudice d'agrément de 3 sur une échelle de 0 à 7. […]

Fait à Paris, le 8 septembre 2016 […].

Annexe 3

Le dommage et l'intérêt légitime - Évolution jurisprudentielle

Du fait de la mort de l'un des concubins, l'autre subit la perte d'une chance - celle de continuer la vie commune - mais l'intérêt dont il se prévaut alors à l'encontre de l'auteur de l'accident est-il légitime ? Dans un arrêt de principe en date du 27 juillet 1937, la chambre civile de la Cour de cassation ne l'avait pas pensé : elle décida que la concubine n'avait pas droit à des dommages-intérêts, parce que les relations de concubinage « ne peuvent, à raison de leur irrégularité même, présenter la valeur d'intérêts légitimes, juridiquement protégés ».

[...] La Cour de cassation a, en 1970, affirmé qu'un lien de droit n'était pas nécessaire pour permettre l'indemnisation du demandeur et relevé qu'en l'espèce, le concubinage ne présentait pas de caractère délictueux.

F. Terré, P. Simler, Y. Lequette, *Droit civil, Les Obligations*, coll. Les Précis, série Droit privé, Dalloz, 9e édition.

Annexe 4

Les préjudices par ricochet

1. Les préjudices patrimoniaux

Il s'agit pour l'essentiel des pertes de subsides qu'induit pour certains tiers l'atteinte subie par la victime directe. On rappellera à cet égard que le droit français se montre libéral dans la détermination du droit à réparation des victimes par ricochet. D'une part, […] la jurisprudence ne subordonne pas en principe le droit à réparation à l'existence d'un lien de droit avec la victime directe et se contente de la preuve que le tiers recevait en fait un appui matériel de la part de la victime. Par ailleurs, de tels préjudices patrimoniaux sont pris en compte non seulement en cas de décès de la victime directe, mais également lorsque celle-ci a été blessée et se trouve diminuée dans ses capacités. […]

2. Les préjudices extrapatrimoniaux

C'est ici l'affliction des proches de la victime atteinte dans sa chair qui est prise en compte au titre de ce qu'il est convenu d'appeler le préjudice d'affection. Les solutions jurisprudentielles se caractérisent là encore de nos jours par un grand libéralisme […].

Droit de la responsabilité, Lamy.

Sens de la leçon

Le dommage et sa réparation dans les différents cas de responsabilité

1 Le dommage est une condition indispensable de la mise en œuvre de la responsabilité civile.

Il existe une grande variété de dommages :

Le dommage corporel
- Atteinte à l'intégrité physique (douleur, incapacité permanente)
- Décès

Le dommage matériel
- Destruction ou dégradation d'une chose
- Dommage économique (perte de ressources, manque à gagner…)

Le dommage moral
- Dommage d'agrément
- Atteinte à la vie privée et aux droits extrapatrimoniaux (honneur, nom…)
- Atteinte aux sentiments d'affection

Le dommage écologique
- D'abord une création jurisprudentielle
- Aujourd'hui, une innovation législative

Dans toute responsabilité, il existe :

- Un fait générateur
- Un dommage
- Un lien de causalité entre les deux

La réparation se fait en nature ou, plus souvent, par équivalent : le juge fixe alors le montant des dommages-intérêts, qui réparent tout le préjudice et rien que le préjudice.

2 Le droit de la responsabilité civile permet à la victime d'un dommage d'obtenir réparation en invoquant :

La responsabilité contractuelle
1. La faute contractuelle : l'inexécution ou la mauvaise exécution du contrat
2. La différence de régime juridique entre l'obligation de résultat et l'obligation de moyens
3. Le cas particulier de l'obligation contractuelle de sécurité

La responsabilité extracontractuelle
1. Les différents faits générateurs :
   - faute personnelle
   - fait d'une chose dont on a la garde
   - fait d'une personne dont on doit répondre
2. La responsabilité de plein droit du commettant

8 La responsabilité du fait des produits défectueux

Éléments du droit positif : 523-2

- **Notion de producteur et de produit, conditions de mise en œuvre, causes d'exonération**

Les compétences attendues	Le plan du chapitre
• Identifier la nature juridique de la responsabilité dans une situation donnée	**I – Le domaine de la responsabilité du fait des produits défectueux** A • Le producteur responsable B • Le produit défectueux C • Les victimes
• Analyser une situation de dommage	**II – La mise en œuvre de la responsabilité** A • Dommage, fait générateur et lien de causalité B • La relation entre producteurs et victimes C • La disparition de la responsabilité

Mise en situation

Salomé Suzic est en rage. Elle a offert à Benjamin, son jeune fils de 7 ans, un jeu de fléchettes à lancer sur une cible. Les ventouses des embouts lui paraissaient constituer une sécurité contre tout accident. Or, l'une des flèches, certes un peu malmenée par l'enfant, s'est brisée et l'a assez gravement coupé.

Elle s'interroge sur ses possibilités d'action pour obtenir réparation. En effet, le jouet ne porte pas de marque de fabricant, mais seulement celle de la chaîne de distribution dans laquelle elle l'a acheté. Quels motifs invoquer ? Contre qui se retourner ?

I Le domaine de la responsabilité du fait des produits défectueux

A. Le producteur responsable

Document 1 *Le producteur responsable dans le Code civil (loi du 19 mai 1998)*

Article 1245-5
Est producteur, lorsqu'il agit à titre professionnel, le fabricant d'un produit fini, le producteur d'une matière première, le fabricant d'une partie composante.
Est assimilée à un producteur pour l'application du présent chapitre toute personne agissant à titre professionnel :
1° Qui se présente comme producteur en apposant sur le produit son nom, sa marque ou un autre signe distinctif ;
2° Qui importe un produit dans la Communauté européenne en vue d'une vente, d'une location, avec ou sans promesse de vente, ou de toute autre forme de distribution [...].
Article 1245-6
Si le producteur ne peut être identifié, le vendeur, le loueur, à l'exception du crédit-bailleur ou du loueur assimilable au crédit-bailleur, ou tout autre fournisseur professionnel, est responsable du défaut de sécurité du produit [...].
Article 1245-7
En cas de dommage causé par le défaut d'un produit incorporé dans un autre, le producteur de la partie composante et celui qui a réalisé l'incorporation sont solidairement responsables.

Questions

1. Le producteur responsable se confond-il avec le fabricant du produit ? Justifiez.
2. Indiquez pour chaque cas ci-dessous si le producteur est considéré ou non comme responsable en cas de produit défectueux en justifiant votre réponse.

Situation	Producteur responsable Oui/Non	Justification
a) Un loueur de matériel de bricolage		
b) Un distributeur de voitures japonaises en France		
c) Un groupe d'hypermarchés qui vend des produits fabriqués par une de ses filiales		
d) Une banque qui finance l'achat et fournit du matériel professionnel en crédit-bail		
e) Un industriel qui assemble, sous sa marque, des ordinateurs dont il achète les composants		

Document 2 *Le vendeur peut échapper à sa responsabilité*

Lorsque le producteur ne peut être identifié, le commerçant ayant vendu le produit défectueux est responsable dans les mêmes conditions que le producteur. Toutefois – et c'est une nouveauté introduite par une récente disposition législative* prise en vue de mettre le droit français en conformité avec les exigences d'une directive européenne –, le vendeur est désormais exonéré de cette responsabilité lorsqu'il désigne son propre fournisseur ou le producteur du produit en cause dans un délai de trois mois à compter de la date à laquelle la demande de la victime lui est notifiée.

* Loi n° 2006-406 du 5 avril 2006.

www.tpe-pme.com

Questions

3. Dans quelles circonstances la victime du dommage se retourne-t-elle plutôt vers le vendeur que vers le fabricant ? Est-ce rare ? Justifiez.
4. Quelle modification la loi du 5 avril 2006 a-t-elle apportée à la situation du distributeur d'un produit défectueux ?

B. Le produit défectueux

Document 3 *Des produits pouvant être défectueux*

Questions

5. Que faut-il entendre par « produit défectueux » ?
6. Illustrez les problèmes de sécurité qui peuvent être liés à chacun des types de produits présentés ci-contre.

Document 4 *Les différentes manifestations de la défectuosité*

Le défaut de sécurité ne résultera pas nécessairement d'un défaut de fabrication : le produit défectueux peut être parfaitement fabriqué, selon les règles de l'art (C. civ., art. 1386-10, auj. art. 1245-9), mais sa conception l'aura rendu trop facilement dangereux : il n'offrait pas une sécurité suffisante... Et ce pourrait être l'inverse : le produit a été parfaite-ment conçu, mais sa fabrication a laissé à désirer, si bien qu'un vice structurel l'a rendu virtuellement dangereux. Les deux hypothèses typiques que l'on vient de caractériser n'épuisent pas la gamme des défauts de sécurité. L'interprète de la gamme, c'est-à-dire la jurisprudence, aura à dire à partir d'où commence le défaut de sécurité.

F.-X. Testu, « Présentation de la réforme du 19 mai 1998 », *Dalloz Affaires.*

Document 5 *Le défaut du produit*

Code civil – Article 1245-3, alinéa 1

Un produit est défectueux au sens du présent titre lorsqu'il n'offre pas la sécurité à laquelle on peut légitimement s'attendre.

Questions

7. La loi vise-t-elle tous les défauts qu'un produit peut présenter ? Justifiez.
8. La responsabilité du producteur est-elle fondée sur une faute de sa part ? Justifiez.
9. Quel est l'objectif de la loi ? Illustrez par des exemples les défectuosités possibles.

C. Les victimes

Document 6 *Responsabilité à l'égard de qui ?*

Le demandeur à l'action, victime du dommage, peut être aussi bien un professionnel qu'un consommateur. Voilà donc une législation protectrice qui n'appartient pas au droit de la consommation : sa vocation est générale.

Cela est normal : il ne s'agit pas de protéger un contractant faible ; il s'agit de dédommager une victime, sous certaines conditions. [...] Il existe cependant une différence entre les deux catégories de victimes potentielles – professionnels ou consommateurs. Entre professionnels, la responsabilité pourra faire l'objet d'aménagements conventionnels, c'est-à-dire, en pratique, de clauses limitatives de responsabilité. Encore l'effet de ces clauses devra-t-il être limité à un certain type de préjudice : l'atteinte aux biens à usage professionnel.

F.-X. Testu, « *Présentation de la réforme du 19 mai 1998* », *Dalloz Affaires.*

Questions

10. Quelles sont les victimes possibles de la défectuosité du produit ? Comment justifier que l'action en responsabilité ne soit pas réservée aux seuls consommateurs ?
11. Quelle différence de traitement le droit valide-t-il entre client consommateur et client professionnel ? Pourquoi cette différence ?

II La mise en œuvre de la responsabilité

A. Dommage, fait générateur et lien de causalité

Document 7 *Le dommage réparé*

L'article 1245-1 du Code civil précise quels sont les dommages réparés en cas de responsabilité pour défectuosité du produit. Il s'agit d'abord de l'ensemble des préjudices corporels : préjudices esthétiques ou d'agrément, incapacité de travail, *pretium doloris*, handicap permanent, et même les frais de soins et d'hospitalisation. La loi prévoit également la réparation du dommage matériel subi par des biens (à la suite d'une explosion, d'un incendie, etc.), dès lors qu'ils sont significatifs (supérieurs à 500 €).
En revanche, il faut relever que la valeur du produit défectueux lui-même n'est pas comprise dans le dommage réparé. C'est qu'il existe d'autres recours pour cela (garantie des vices cachés, en particulier).

Questions

1. Donnez des exemples variés de dommages résultant de la défectuosité de produits.
2. La responsabilité est-elle plus utile pour des produits de grande valeur causant éventuellement de petits dommages ou pour des produits de faible valeur dont la défectuosité entraîne de graves conséquences ?

Document 8 *La nécessité d'établir l'implication essentielle du produit dans le dommage*

Mais attendu que l'arrêt constate, d'abord, que Mme X..., âgée de 19 ans, en parfaite santé et ne présentant aucun signe de pathologie neurologique débutante à la date des premières injections du vaccin, avait, à la suite de chacune des injections, présenté des troubles qui avaient conduit à diagnostiquer une sclérose en plaques au mois de février 1993 [...] ; qu'il estime, enfin, que la causalité ainsi présumée entre la vaccination et la maladie entraîne [...] une présomption de défectuosité du vaccin administré à Mme X... en 1992 et 1994 ; que la cour d'appel [...] a fait ressortir l'existence de présomptions graves, précises et concordantes d'un défaut de la vaccination litigieuse à l'origine de la sclérose en plaques contractée par Mme X... ; que le moyen n'est pas fondé ;

PAR CES MOTIFS [...] ; REJETTE le pourvoi (...).

Cour de cassation - 1re Chambre civile - 12 novembre 2015 (extrait).

Document 9 *Le lien de causalité*

Code civil - Article 1245-8
Le demandeur doit prouver le dommage, le défaut et le lien de causalité entre le défaut et le dommage.

Questions

3. Quel est l'objet du litige ? Qu'ont décidé les juges du fond et ceux de la Cour de cassation ?
4. Comment les juges du fond ont-ils établi le lien de causalité entre la défectuosité du produit et le dommage subi ?

B. La relation entre producteurs et victimes

Document 10 *Victimes ayant ou non la qualité de contractant*

Les produits défectueux et la responsabilité contractuelle	Les produits défectueux et la responsabilité délictuelle
La victime de la défectuosité du produit est souvent l'**acheteur**. On peut alors rattacher la responsabilité du fabricant ou du vendeur à la sphère contractuelle née du fait de la vente. Ex. : un consommateur a mangé un produit avarié et a été malade.	Les mêmes textes s'appliquent aux cas où un **utilisateur** subit le dommage. [...] Le produit peut s'avérer dangereux après avoir changé de mains. La responsabilité du producteur est alors délictuelle. Ex. : Un jouet offert à l'enfant d'une amie lui cause un préjudice. *DCG, Introduction au droit*, Nathan.

Questions

5. Pourquoi a-t-on dit que la responsabilité du fait des produits défectueux transcendait la distinction habituelle entre responsabilité contractuelle et responsabilité délictuelle ?
6. À quel objectif du législateur cette exception aux règles traditionnelles répond-elle ?

C. La disparition de la responsabilité

Document 11 *L'exonération du producteur*

La personne dont la responsabilité est engagée peut se libérer en invoquant divers motifs. Par exemple, le produit défectueux n'était pas destiné à la vente ; le défaut de sécurité résulte du respect d'une norme officielle (qui s'avère défaillante) ou d'une faute dans l'utilisation du produit, etc.

Mais, surtout, la loi retient une excuse spécifique à cette responsabilité : le cas où l'**état des techniques** au moment de la mise en circulation du produit ne permettait pas de déceler son défaut.

Question 7. Après analyse du document, dites ce qui peut justifier que le producteur soit exonéré de responsabilité en raison de l'état des techniques.

Document 12 *L'application rigoureuse des cas d'exonération*

Attendu que pour exonérer de sa responsabilité la société D... [...], l'arrêt retient que, compte tenu, d'une part, de ce que les éléments de la notice d'utilisation [...] devaient être portés à la connaissance de la patiente et, d'autre part, de la récente mise sur le marché, Mme Y... ne pouvait prétendre que le produit devait offrir une sécurité absolue, et que la société D..., ayant obtenu un certificat de libre vente délivré par l'AFSSAPS, autorité sanitaire placée sous la tutelle du ministre de la Santé, démontrait de ce fait avoir procédé à l'ensemble des tests exigés par les dispositions légales et réglementaires en vigueur au moment de la mise en circulation ;

Qu'en se déterminant ainsi, quand le produit, eu égard à la gravité des effets nocifs constatés, dont ni la notice d'information remise au praticien ni la brochure publicitaire destinée à la patiente ne faisaient état, n'offrait pas, dans ces circonstances, la sécurité à laquelle on pouvait légitimement s'attendre [...] ;

Par ces motifs : casse et annule [...].

Cour de cassation, 1re Chambre civile, arrêt du 25 juin 2009.

Questions 8. Quels sont les faits ? Quelles excuses les juges du fond avaient-ils admises ?

9. Quelle est la position de la Cour de cassation en matière d'exonération de responsabilité ?

Document 13 *Les délais de prescription de l'action en responsabilité*

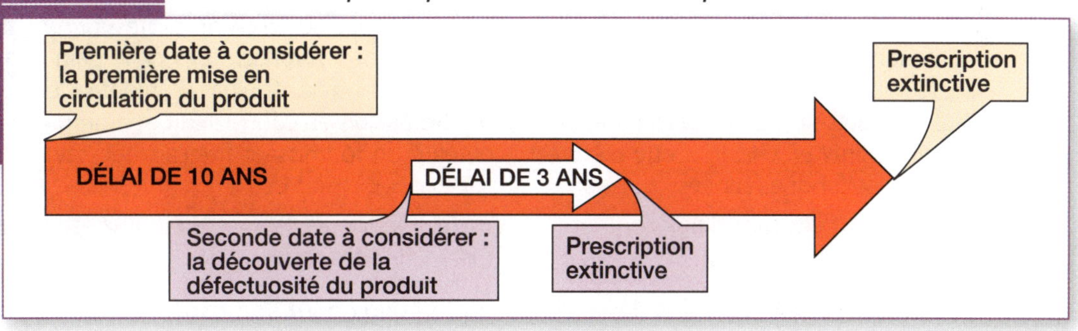

Question 10. Indiquez, pour les exemples suivants, jusqu'à quelle date la victime peut agir en justice.

Situations de litige	Date de prescription
a) Un tracteur, dont le modèle est importé en France depuis le 15 juin 2012, se révèle défectueux en causant des dégâts dans l'exploitation agricole de François Tellier le 1er août 2019. La machine a été achetée le 1er juin 2019.	
b) Un médicament mis au point par un laboratoire français en avril 2017 est mis sur le marché le 1er septembre 2018. Il se révèle défectueux en causant une allergie invalidante à Adeline Brique, à qui ce médicament avait été prescrit le 8 janvier 2019.	
c) Le système de freinage d'une automobile française, dont la vente au public a commencé le 1er novembre 2008, a connu une défaillance sur la voiture acquise par Bertrand Florentin le 12 novembre 2018. Un grave accident en est résulté.	

Entraînement à l'analyse d'une situation juridique

Les compétences attendues

- Identifier la nature juridique de la responsabilité dans une situation donnée.
- Analyser une situation de dommage.

L'entreprise Futurax SA réalise, en France, le montage d'appareils électroménagers, parmi lesquels des fours à micro-ondes et des grille-pain. Elle en achète les composants à divers professionnels étrangers et nationaux. Le modèle de grille-pain de luxe Visio 125 est écoulé sur le marché français depuis le 1er mars 2018. La vente se fait à des professionnels spécialisés dans l'électroménager, ainsi qu'à des enseignes de la grande distribution. La chaîne d'hypermarchés Aupré les écoule d'ailleurs sous sa propre marque.

Questions

À l'aide de vos connaissances et de la documentation annexée, traitez les situations juridiques suivantes.

Dossier 1 – La responsabilité des produits défectueux à l'égard des particuliers

Sylvain Lemire a subi quelques dégâts causés par une défaillance de son Visio 125. Celui-ci, après avoir fortement chauffé, a propagé des flammes dans la cuisine, à l'origine de graves dommages matériels. L'appareil avait été acheté dans un hypermarché Aupré.

Dominique Paolini a reçu le même appareil en cadeau. Elle a subi de plus graves préjudices que M. Lemire. En effet, en entrant dans sa cuisine alors que le grille-pain avait déjà enflammé une nappe, elle a été gravement brûlée aux mains et sur les bras en éteignant l'incendie.

1. **Précisez les possibilités et les conditions de l'action en responsabilité du fait du produit défectueux de M. Lemire.**
2. **Mme Paolini s'interroge sur ses possibilités de recours. Le fait qu'elle n'ait pas acheté elle-même l'appareil est-il un obstacle à l'action ? Son intervention pour tenter de faire face au danger ne va-t-elle pas se retourner contre elle ?**

Dossier 2 – La responsabilité des produits défectueux à l'égard des professionnels

Dès le 20 mars 2018, l'entreprise Futurax SA reçoit des plaintes de clients professionnels, dont certaines émanent du groupe de distribution Aupré. Cela amène le fabricant des grille-pain à faire expertiser les appareils. Il en ressort que les problèmes tirent leur origine, non pas d'un défaut de montage, mais de la propension du fil d'alimentation à se mettre parfois en court-circuit et à propager des dysfonctionnements en chaîne. Cette pièce est achetée à un fournisseur français qui travaille avec Futurax depuis de longues années.

Le fabricant envisage d'agir contre ce partenaire. Par ailleurs, la société Futurax estime que le contrat accepté par les distributeurs la met elle-même à l'abri des réclamations.

1. **Indiquez si le fabricant des appareils défectueux peut agir contre son propre fournisseur. À quelles conditions ?**
2. **Analysez l'extrait du contrat de vente des appareils Visio 125 (annexe 2) et indiquez si la clause rapportée peut protéger la SA Futurax contre les poursuites de ses clients professionnels.**

Annexe 1

CODE CIVIL

Titre IV *bis* : De la responsabilité du fait des produits défectueux (extraits)

Créé par la loi n° 98-389 du 19 mai 1998, modifié par l'ordonnance n° 2016-131 du 10 février 2016

Article 1245. Le producteur est responsable du dommage causé par un défaut de son produit, qu'il soit ou non lié par un contrat avec la victime.

Article 1245-1. Les dispositions du présent chapitre s'appliquent à la réparation du dommage qui résulte d'une atteinte à la personne. Elles s'appliquent également à la réparation du dommage supérieur à un montant déterminé

Des problèmes brûlants

Suite

par décret, qui résulte d'une atteinte à un bien autre que le produit défectueux lui-même.

Article 1245-7. En cas de dommage causé par le défaut d'un produit incorporé dans un autre, le producteur de la partie composante et celui qui a réalisé l'incorporation sont solidairement responsables.

Article 1245-8. Le demandeur doit prouver le dommage, le défaut et le lien de causalité entre le défaut et le dommage.

Article 1245-10. Le producteur est responsable de plein droit à moins qu'il ne prouve :
1° Qu'il n'avait pas mis le produit en circulation ;
2° Que, compte tenu des circonstances, il y a lieu d'estimer que le défaut ayant causé le dommage n'existait pas au moment où le produit a été mis en circulation par lui ou que ce défaut est né postérieurement ;
3° Que le produit n'a pas été destiné à la vente ou à toute autre forme de distribution ;
4° Que l'état des connaissances scientifiques et techniques, au moment où il a mis le produit en circulation, n'a pas permis de déceler l'existence du défaut ;
5° Ou que le défaut est dû à la conformité du produit avec des règles impératives d'ordre législatif ou réglementaire.
Le producteur de la partie composante n'est pas non plus responsable s'il établit que le défaut est imputable à la conception du produit dans lequel cette partie a été incorporée ou aux instructions données par le producteur de ce produit.

Article 1245-12. La responsabilité du producteur peut être réduite ou supprimée, compte tenu de toutes les circonstances, lorsque le dommage est causé conjointement par un défaut du produit et par la faute de la victime ou d'une personne dont la victime est responsable.

Article 1245-14. Les clauses qui visent à écarter ou à limiter la responsabilité du fait des produits défectueux sont interdites et réputées non écrites. Toutefois, pour les dommages causés aux biens qui ne sont pas utilisés par la victime principalement pour son usage ou sa consommation privée, les clauses stipulées entre professionnels sont valables.

Annexe 2

Contrat de fourniture de grille-pain du type Visio 125 (extrait)

Art. 8. Il est convenu entre les parties que la SA Futurax ne saurait être tenue pour responsable ni des problèmes techniques qui surviendraient après la livraison des appareils du type Visio 125, objets du présent contrat, ni des dommages consécutifs à ces problèmes.

Art. 9. De convention expresse, il est précisé que les acheteurs font leur affaire des actions contre les fournisseurs de la SA Futurax que rendraient nécessaires des dysfonctionnements éventuels, voire des dommages liés à une défectuosité dangereuse. La liste des fournisseurs de composants annexée au présent contrat, avec la référence des pièces fournies par chacun d'eux, est destinée à les éclairer sur l'identité du fournisseur contre qui ils pourraient se retourner directement en cas de nécessité.

Art. 10. Conformément aux règles en vigueur en droit français, Futurax SA assumerait les suites des seules fautes lourdes ou dolosives dont l'acheteur prouverait qu'elles sont à l'origine des problèmes de sécurité rencontrés.

Sens de la leçon

La responsabilité du fait des produits défectueux

1 La responsabilité des fournisseurs de produits défectueux évince la responsabilité de droit commun.

- **Le responsable :** le producteur responsable ou la personne assimilée
- **La défectuosité :** tous les cas où le produit n'offre pas la sécurité à laquelle on peut légitimement s'attendre
- **La victime :** un professionnel ou un consommateur

2 Le producteur est responsable du dommage causé par un défaut de son produit

Qu'il soit ou non lié par un contrat avec la victime

- **Le dommage :** à la personne ou aux biens (au-delà d'un plancher de 500 €), mais pas au produit défectueux lui-même
- **Le fait générateur :** le défaut de sécurité
- **Le lien de causalité :** apprécié par le juge

Soumise à des délais de prescription extinctive, la responsabilité peut disparaître sous réserve de causes :

- générales (cause étrangère)
- spécifiques (ex. : état de la technique)

9 L'assurance, la mutualisation et la socialisation du risque

Éléments du droit positif : 523-3 et 523-4

- Notions de sinistre, de bien assurable, de garantie
- Principe de mutualisation
- Spécificités du contrat d'assurance de biens
- Spécificités du contrat d'assurance de responsabilité
- Indemnisation de la victime par des fonds de garantie

Les compétences attendues	Le plan du chapitre
• Identifier les garanties nécessaires pour se prémunir de risques • Analyser une situation de dommage • Délimiter le contenu des garanties dans une situation donnée • Analyser tout ou partie d'un contrat d'assurance	**I – L'assurance et la mutualisation** A • Les principes de l'assurance B • Les principaux contrats d'assurance
• Délimiter l'étendue des garanties dans une situation donnée • Identifier la nature juridique de la responsabilité dans une situation donnée	**II – La socialisation du risque** A • Les limites de l'assurance classique B • Les fonds de garantie ou d'indemnisation C • La sanction pénale

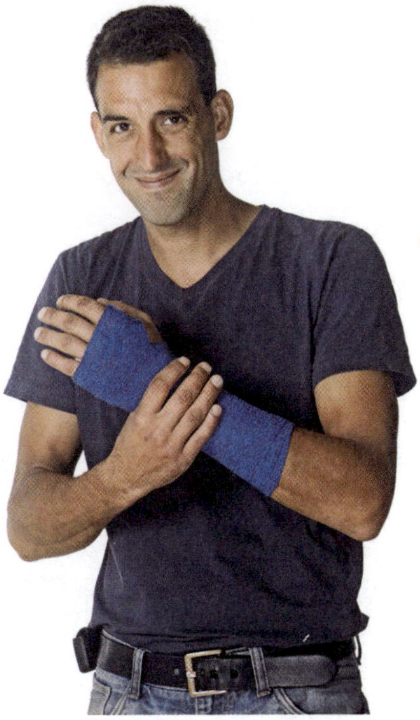

Mise en situation

Henri Prunel vient d'avoir un accident : alors qu'il conduisait la camionnette qui lui permet de livrer dans les villages et hameaux les produits de son activité de boulangerie, il a heurté et endommagé un tracteur garé sur la route. Son propre véhicule est inutilisable. M. Prunel est lui-même blessé. Il souffre d'une fracture du poignet, sans gravité, mais qui va l'empêcher de travailler pendant plusieurs semaines.

L'inquiétude s'empare de M. Prunel : son contrat d'assurance couvre-t-il tous les dommages professionnels consécutifs à cet accident ?

I L'assurance et la mutualisation

A. Les principes de l'assurance

1. Le fondement de l'assurance

Document 1 *Principe et définition de l'assurance*

Le contrat d'assurance est un contrat spécial, dont l'originalité est accentuée par le fait qu'il s'inscrit dans une dimension collective. Il convient donc de distinguer clairement deux choses lorsque l'on parle d'assurance : l'opération et le contrat, selon que l'on adopte une approche collective ou individuelle.
Collectivement, l'assurance peut être définie comme l'opération par laquelle « un assureur organise en une mutualité une multitude d'assurés exposés à la réalisation de certains risques et indemnise ceux d'entre eux qui subissent un sinistre grâce à la masse commune des primes collectées ». Autrement dit, **il s'agit, pour l'assureur, d'opérer la compensation des effets du hasard en mutualisant les risques, selon les lois de la statistique.** […]
Individuellement, le contrat d'assurance est une convention par laquelle, en contrepartie d'une prime, l'assureur s'engage à couvrir l'assuré contre le risque défini au contrat et à lui verser une prestation en cas de sinistre, entendu comme la réalisation du risque.

Gestion juridique, fiscale et sociale, DSCG, Nathan.

Questions

1. Montrez qu'il existe deux façons de définir l'assurance. En quoi sont-elles complémentaires ?
2. Expliquez la phrase en gras. Donnez des exemples d'« effets du hasard ».
3. Quelles sont les obligations de l'assureur ? Pourquoi le contrat d'assurance est-il, malgré les risques, intéressant aussi pour l'assureur ?

Document 2 *La formation du contrat d'assurance*

La formation du contrat d'assurance est généralement précédée de démarches et d'échanges entre la personne qui veut s'assurer et l'assureur ou des intermédiaires. Aussi est-il important pour l'assuré de connaître le moment exact à partir duquel il est engagé car :
- si le contrat est formé, l'assuré est engagé, il doit ses primes et ne peut se dégager qu'en respectant les règles de résiliation du contrat (c'est-à-dire pas dans l'immédiat, généralement) ;
- si le contrat n'est pas formé alors que l'assuré croit l'inverse, il n'est pas protégé en cas de sinistre.

www.dgccrf.bercy.gouv.fr

Question

4. Pourquoi faut-il connaître avec précision le moment de la formation du contrat d'assurance ?

2. Les obligations des parties au contrat d'assurance

Document 3 *L'obligation d'information de l'assureur*

Code des assurances - Article L. 112-2

L'assureur doit obligatoirement fournir une fiche d'information sur le prix et les garanties avant la conclusion du contrat.
Avant la conclusion du contrat, l'assureur remet à l'assuré un exemplaire du projet de contrat et de ses pièces annexes ou une notice d'information sur le contrat […].
Avant la conclusion d'un contrat comportant des garanties de responsabilité, l'assureur remet à l'assuré une fiche d'information […] décrivant le fonctionnement dans le temps des garanties.

Questions

5. Montrez la nécessité de l'information de l'assuré par l'assureur.
6. Relevez les précisions de la loi au service d'une information claire et complète du preneur d'assurance. Quelle est l'utilité de ces précisions ?

Document 4 *Les obligations légales de l'assuré*

Code des assurances - Article L. 113-2

L'assuré est obligé :

① De payer la prime ou cotisation aux époques convenues ;

② De répondre exactement aux questions posées par l'assureur, notamment dans le formulaire de déclaration du risque par lequel l'assureur l'interroge, lors de la conclusion du contrat, sur les circonstances qui sont de nature à faire apprécier par l'assureur les risques qu'il prend en charge ;

③ De déclarer, en cours de contrat, les circonstances nouvelles qui ont pour conséquence soit d'aggraver les risques, soit d'en créer de nouveaux et rendent de ce fait inexactes ou caduques les réponses faites à l'assureur, notamment dans le formulaire mentionné au ② ci-dessus. [...]

Question

7. L'assuré est-il tenu seulement à des obligations pécuniaires ? Justifiez votre réponse.

Document 5 *La loyauté de l'assuré*

Les faits : le 21 octobre 2005, M. X... souscrit un contrat d'assurance auprès de la société Axa France Vie garantissant notamment les risques « incapacité temporaire de travail et invalidité permanente ». À la demande de l'assureur, M. X... remplit un questionnaire de santé. Quelques semaines plus tard, l'assureur notifie à M. X... la nullité de son contrat pour fausse déclaration sur ses antécédents médicaux ; l'assuré assigne alors l'assureur en paiement des indemnités journalières et en réparation de son préjudice.

La décision des juges du fond : la cour d'appel dit que le contrat d'assurance souscrit par M. X... est nul et de nul effet. M. X... est donc débouté de ses demandes.

Extrait de la décision rendue par la Cour de cassation sur pourvoi de M. X...

Mais attendu que l'arrêt retient que M. X... a rempli le questionnaire médical en indiquant [...] ne pas se trouver actuellement sous surveillance médicale et ne pas prendre de médicaments prescrits par un médecin ; que M. Y..., psychiatre, a délivré le 4 octobre 2005 un certificat aux termes duquel il précise dispenser ses soins à M. X... depuis le 26 août 2004 et indique que [...] l'état de santé de M. X... justifie la prescription d'un arrêt maladie ainsi qu'un traitement médical avec une hospitalisation psychiatrique programmée; [...] que, tenu d'une obligation de sincérité envers l'assureur, M. X... devait informer en toute bonne foi son assureur conformément aux dispositions de l'article L. 113-2 du Code des assurances, en répondant aux questions posées par l'assureur, surtout lorsque celles-ci sont claires et dépourvues de toute ambiguïté comme en l'espèce, en cochant les cases adéquates ; [...] ce qui aurait alors permis à l'assureur d'accorder, de restreindre, de conditionner, voire de refuser en pleine connaissance de cause, sa garantie;

Par ces motifs : rejette le pourvoi.

Questions

8. Étudiez le cas de jurisprudence : les faits, le litige, la position des juges du fond et celle de la Cour de cassation.

9. Rapprochez la solution jurisprudentielle de l'article L. 113-2 du Code des assurances (document 4). Quelle est la portée pratique de cet arrêt pour les assureurs ?

3. Les divers risques

Document 6 *Les différents sinistres assurables*

Questions

10. Quels sont les sinistres présentés ici ? Quels patrimoines sont atteints ?

11. Quelles sont les conséquences de ces sinistres ? Identifiez les différentes victimes.

12. Indiquez quelles seraient les suites de ces événements si les propriétaires n'étaient pas assurés.

Document 7 *Les risques exclus*

Code des assurances - Article L. 113-1, alinéa 1

Les pertes et les dommages occasionnés par des cas fortuits ou causés par la faute de l'assuré sont à la charge de l'assureur, sauf exclusion formelle et limitée contenue dans la police.

Résumé d'un cas de jurisprudence

Ne peut être regardée comme formelle et limitée, au sens de l'article L. 113-1, alinéa 1, du Code des assurances, la clause qui exclut de la garantie due par l'assureur de responsabilité civile d'un sous-traitant non seulement les frais engagés soit pour réparer ou remplacer tout ou partie des produits ou marchandises, objet du marché accepté par l'assuré, soit pour remédier à un travail ou à une prestation mal exécutée, mais encore les préjudices résultant de l'inexécution des obligations de faire ou de délivrance.

Bulletin de la Cour de cassation 2001-I, n° 46, p. 28.

Questions

13. À quelle condition un assureur peut-il exclure certains risques du contrat d'assurance ? Dans quelles circonstances cette exclusion est-elle utile ?

14. Quels types de risques peuvent faire l'objet d'une exclusion formelle et limitée ?

B. Les principaux contrats d'assurance

Document 8 *Les deux types d'assurance de l'entreprise*

	L'assurance de biens	L'assurance de responsabilité
Risques couverts	– L'incendie – Le dégât des eaux – Le vol – La perte d'exploitation	– Les dommages causés aux tiers par l'exploitation de l'entreprise – Les dommages causés aux salariés non indemnisés par la Sécurité sociale – Les dommages causés aux clients par les produits de l'entreprise

Questions

15. Quels sont les bénéficiaires des deux types d'assurance de l'entreprise ?

16. Citez des situations dans lesquelles l'assurance de responsabilité est mise en œuvre.

Document 9 *L'assurance des pertes d'exploitation*

Le principe	L'assurance des pertes d'exploitation permet de surmonter les difficultés financières engendrées par un sinistre. En effet, en cas de sinistre, l'entreprise obtient le remboursement des biens détruits, mais la diminution de son chiffre d'affaires, causée par l'interruption ou la réduction de son activité, n'est pas prise en compte. Restent également à sa charge les frais engagés pour limiter les conséquences du sinistre, comme la location de matériel ou de locaux, une installation provisoire, des frais de publicité pour retrouver une clientèle, etc. [...] L'assurance des pertes d'exploitation vise à replacer l'entreprise dans la situation qui aurait été la sienne si le sinistre n'avait pas eu lieu. *Stéphane Corone, www.lentreprise.com*
Un exemple	Un restaurateur breton subit une inondation en janvier 2019, avec destruction de son matériel d'exploitation et obligation de fermer son établissement. Après déclaration à l'assurance et expertise, les réparations ne sont effectuées qu'en août 2019. Le chiffre d'affaires de ce restaurateur se monte à 60 000 euros à la fin de 2019 pour un chiffre moyen annuel de 190 000 euros en temps normal. La perte d'exploitation s'élève donc à 130 000 euros. La marge brute étant de 75 %, le restaurateur a perdu 97 500 euros. C'est ce que lui remboursera son assureur s'il a souscrit un contrat prévoyant la couverture de ce risque. En général, les professionnels prévoient une durée de garantie après sinistre significative, car la remise en état d'une entreprise demande souvent plusieurs mois.

Questions

17. Quel est l'apport de l'assurance vis-à-vis des pertes d'exploitation ? Dans quelles circonstances cette assurance est-elle utile ?

18. Qui en sont les bénéficiaires indirects ?

Document 10 *Les assurances obligatoires*

	Pour les particuliers		Pour les professionnels		
Type d'assurance	Assurance automobile	Assurance habitation	Garantie de responsabilité civile professionnelle	Garantie de couverture du risque professionnel	Assurances des biens professionnels
Risques couverts	Les dommages causés aux tiers	Les dommages aux biens loués vis-à-vis du propriétaire et aussi les dommages du fait des biens loués vis-à-vis des voisins	Les dommages matériels et corporels causés par l'entreprise ou l'un de ses employés à un tiers	Les dommages que peuvent provoquer les produits ou appareils vendus	Les dommages aux biens professionnels (locaux, matériels et marchandises) en cas d'incendie ou de catastrophe naturelle
Cas particulier	**Pour les constructeurs**				
	Garantie de responsabilité décennale, c'est-à-dire durant 10 ans, de la solidité de l'ouvrage et des éléments d'équipement				

Questions

19. Quels sont les types d'assurances obligatoires pour l'entreprise ?

20. En quoi une assurance obligatoire répond-elle à une nécessité de protection des entreprises autant que des tiers ?

II La socialisation du risque

A. Les limites de l'assurance classique

Document 11 *Les limites de l'assurabilité*

Au sens strict, un risque est dit « assurable » si on peut s'en protéger au moyen de contrats financièrement viables, librement souscrits et permettant, moyennant le paiement d'une cotisation, de recevoir une indemnisation en cas de réalisation effective du risque. Si la gamme des risques assurables est aujourd'hui extrêmement étendue et semble potentiellement infinie, force est de constater que l'émergence des « nouveaux risques » - catastrophes industrielles ou naturelles, risques sanitaires, sécurité alimentaire, responsabilité médicale, responsabilité environnementale, terrorisme… - modifie singulièrement les limites de l'assurabilité.

Pierre Picard, professeur à l'université Paris-Ouest-Nanterre et à l'École polytechnique, www.ffsa.fr

Document 12 *Le coût des catastrophes naturelles en 2017*

En 2017, les catastrophes naturelles ont été nombreuses et leur coût économique a atteint 330 milliards de dollars, selon le réassureur allemand Munich Re. C'est le bilan le plus élevé de l'histoire après celui de 2011.

Sur les 330 milliards de dollars de dégâts, principalement liés aux ouragans de l'été et au tremblement de terre survenu en septembre au Mexique, 135 milliards ont été couverts par les assurances. […]

La tempête Harvey qui s'est abattue sur les États-Unis et les pluies torrentielles qui ont suivi au Texas ont causé à elles seules 85 milliards de dollars de dommages. Viennent ensuite les ouragans – Irma en Floride, puis Maria dans les Caraïbes, ainsi que les incendies qui ont ravagé les forêts, les habitations et les vignobles de Californie.

En Europe, les aléas de la météo, et principalement le gel de printemps ont provoqué près de 4 milliards de dollars de pertes dans l'agriculture. Mais seulement 650 millions ont été couverts par les assurances.

www.challenges.fr, 12 août 2015.

Document 13 *L'assurance des assureurs : la réassurance*

La réassurance apporte à l'assureur direct une plus grande stabilité de résultats lorsque des sinistres inhabituels et importants se produisent en le couvrant au-delà de certains plafonds ou contre l'accumulation d'engagements individuels.

www.scor.com

Questions

1. Pourquoi certains risques ne sont-ils pas assurables par l'assurance classique ?

2. En quoi la réassurance est-elle un gage de sécurité face aux risques majeurs ?

B. Les fonds de garantie ou d'indemnisation

Document 14 *Le FGAO*

Fonds de garantie des assurances obligatoires de dommages (FGAO)

Créé en 1951, le FGAO indemnise :
- les dommages résultant d'**accidents de la circulation** causés par des responsables inconnus, non assurés ou n'ayant pas de permis de conduire ;
- les dommages résultant d'accidents de la circulation **causés par des animaux sauvages** (chevreuils, sangliers…) ;
- les dommages corporels causés **lors d'actes de chasse** ou de destruction d'animaux nuisibles ;
- les dommages résultant d'**accidents de la circulation sur le sol** (piétons, cyclistes, rollers…) ;
- les **défaillances d'entreprises d'assurance obligatoire** ;
- les **dommages aux immeubles** causés par une catastrophe technologique ou une activité minière.

Document 15 *Le FGTI*

Le **Fonds de garantie des victimes des actes de terrorisme et d'autres infractions** (FGTI) a été créé en 1986 pour aider les victimes d'**actes de terrorisme** commis sur le territoire national.

EXTRAIT D'UN DOSSIER DU FGTI

Ce document est destiné aux victimes des actes de terrorisme commis à Paris et Saint-Denis le 13 novembre 2015. Il est destiné à vous présenter, de façon simple, le rôle du Fonds de garantie […]. Par ce document, la volonté du Fonds de garantie est de vous informer sur les démarches à effectuer et de contribuer ainsi à vous aider dans les difficultés rencontrées. […]

Le Fonds de garantie vous assiste dans la constitution de votre dossier. Il vous verse alors une première provision dans le délai maximum d'un mois à compter de votre demande. Cette provision vous permet de faire face à vos premiers frais.

D'autres provisions peuvent vous être versées en fonction de votre situation médicale et personnelle. […]

Tous vos préjudices consécutifs à l'acte de terrorisme sont pris en compte par le Fonds de garantie, que vous soyez victimes blessées ou ayants droit (la famille proche) d'une victime décédée.

Le Fonds de garantie a un délai de trois mois à compter de la réception des justificatifs de vos préjudices pour faire une offre d'indemnisation définitive.

www.fondsdegarantie.fr

Document 16 *Le FIVA*

Le fonds d'indemnisation des victimes de l'amiante (FIVA) indemnise les victimes de l'amiante. Peuvent demander une indemnisation […] : une victime dite « professionnelle », c'est-à-dire qui a été exposée à l'amiante dans le cadre de son travail […], une victime exposée dans le cadre professionnel mais ne bénéficiant pas d'une prise en charge au titre de la maladie professionnelle, une victime dite « environnementale », c'est-à-dire exposée à l'amiante en dehors du cadre professionnel, par exemple exposée sur son lieu de résidence […], les ayants droit d'une victime décédée des suites de sa maladie liée à l'amiante : le conjoint, les enfants, etc.

www.fiva.fr

Questions

3. Relevez les cas d'intervention des fonds de garantie. Comment justifier leur rôle ?
4. En quoi les fonds de garantie illustrent-ils une forme de solidarité nationale ?

Document 17 *Le budget du Fonds de garantie en 2016*

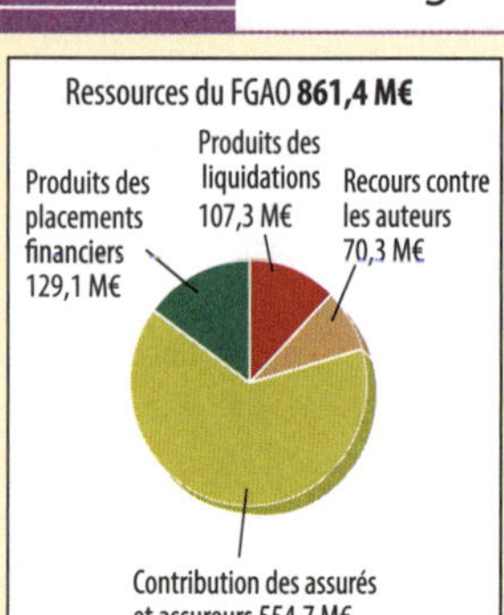

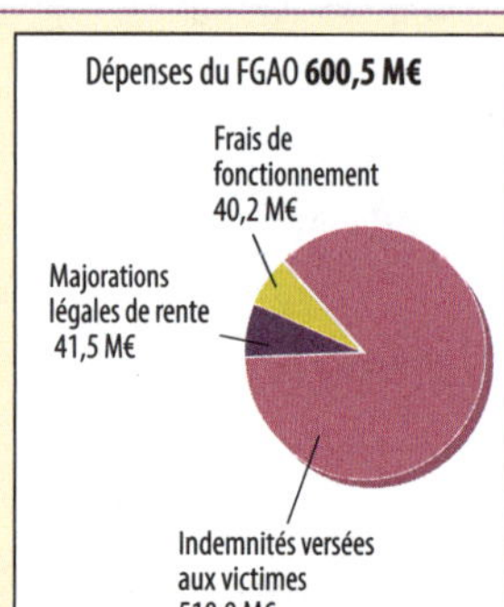

Le Fonds de garantie est dimensionné pour faire face à des indemnisations dont les montants sont difficilement prévisibles. Depuis sa création, le modèle du Fonds de garantie, fondé sur l'autonomie financière, a montré sa pertinence : il ne reçoit aucun financement de l'État, et s'efforce de ne pas faire peser sur les générations futures le financement de ses engagements pour les victimes d'hier et d'aujourd'hui.

Questions

5. Comment les fonds d'indemnisation sont-ils financés ? En quoi ce financement traduit-il la prise en charge par la collectivité de certains risques ?
6. Relevez la part de recettes tirées des recours contre les auteurs des faits. En quoi justifie-t-elle l'existence des fonds de garantie ?

C. La sanction pénale

DOCUMENT 18 *L'assurance et l'infraction pénale*

Code des assurances
Article L. 113-1, alinéa 2

« [...] L'assureur ne répond pas des pertes et dommages provenant d'une **faute intentionnelle ou dolosive de l'assuré.** »

DOCUMENT 19 *La diversité des infractions pénales liées à la vie des affaires*

Vol - Escroquerie - Abus de confiance - Faux - Usage de faux - Recel - Blanchiment - Corruption - Trafic d'influence - Prise illégale d'intérêts - Abus de biens sociaux - Distribution de dividendes fictifs - Abus de pouvoir - Délit d'initié...

DOCUMENT 20 *La sanction de la fraude à l'assurance lors du sinistre*

Le Code des assurances ne sanctionne pas de manière explicite ce type de fraude. Toutefois, son article L.113-1 indique que l'assureur ne répond pas des pertes et des dommages ayant pour origine une faute intentionnelle de l'assuré. L'assureur peut alors opposer à l'assuré fraudeur un refus de prise en charge du sinistre.
Par ailleurs, la plupart des contrats prévoient la déchéance du droit à garantie de l'assuré en cas de fausse déclaration intentionnelle de sa part sur la cause, les circonstances ou encore les conséquences du sinistre.
Enfin, si l'indemnité a été payée avant que l'assureur ne s'aperçoive de la fraude, celui-ci peut exercer une action en remboursement des sommes versées.
En droit pénal, il n'existe pas d'incrimination spécifique réprimant la fraude à l'assurance. Il faut se reporter aux articles du Code pénal qui sanctionnent l'escroquerie et le faux en écriture.

www.fraude-assurance.fr

Questions

7. Pourquoi serait-il injuste d'assurer les conséquences des fautes volontaires d'une personne ?
8. Quels sont les deux types de sanctions en cas de fraude à l'assurance lors d'un sinistre ?

DOCUMENT 21 *Une affaire d'incendie volontaire*

Cour de cassation - 2e Chambre civile - arrêt du 16 mai 2013 (extrait)

Attendu que la société Christian Mode fait grief à l'arrêt [...] de la débouter de sa demande tendant à voir condamner la société Generali Assurances à lui payer, à titre de provision, la somme de 3 052 505 euros au titre de la garantie ;

Mais attendu qu'ayant retenu que le contrat d'assurance souscrit par la société excluait de la garantie de l'assureur les dommages intentionnellement provoqués par le souscripteur ou dont celui-ci a été complice, que l'incendie, survenu quelques jours après la souscription du contrat d'assurance, apparaissait volontaire, comme cela ressortait du rapport d'expertise [...] diligenté par un laboratoire qui avait procédé à ces opérations en présence des représentants de la société, constatant que l'incendie s'était déclenché environ deux heures après le départ du personnel, alors que les locaux étaient fermés et qu'aucune trace d'effraction n'avait été relevée, qu'il existait quatre zones de foyer d'incendie, dont au moins trois totalement distinctes, ce qui caractérisait l'existence de trois, voire quatre points de mise à feu, faisant ainsi ressortir que l'obligation de l'assureur était sérieusement contestable, la cour d'appel [...] a, par ces seuls motifs, légalement justifié sa décision ;

D'où il suit que le moyen n'est pas fondé ;

PAR CES MOTIFS : REJETTE le pourvoi [...].

Questions

9. Qualifiez les faits et les parties en présence dans cette affaire.
10. Relevez, au travers de l'affaire rapportée au document 21, les moyens de preuve utilisés par le juge pour établir l'infraction à l'origine du dommage.
11. Dans quelle mesure peut-on dire que l'intérêt général est défendu en cas de rejet de l'indemnisation d'un assuré fraudeur ?

Entraînement à l'analyse d'une situation juridique et à la rédaction d'une note structurée

Les compétences attendues

- Identifier les garanties nécessaires pour se prémunir de risques.
- Délimiter le contenu et l'étendue des garanties dans une situation.
- Identifier la nature juridique de la responsabilité dans une situation.
- Analyser une situation de dommage.
- Analyser tout ou partie d'un contrat d'assurance.

Juliette Sappia est sur le point de racheter une entreprise de restauration, composée du fonds de commerce et de l'immeuble qui l'abrite, équipé lui-même du matériel professionnel adéquat. Les contrats de travail des trois salariés actuels seront maintenus.

Mme Sappia souhaite s'assurer contre les risques professionnels. À titre d'information, elle a obtenu de la société d'assurance mutuelle MICAF (Mutuelle des industriels, commerçants et artisans de France) un modèle de contrat d'assurance, dont certains extraits sont présentés ici (annexe).

Questions

Vous traiterez les dossiers suivants à l'aide des annexes et de vos connaissances.

Dossier 1 : les risques et les garanties à souscrire

Juliette Sappia ne veut courir aucun risque exagéré dans le cadre de son métier. Elle sait qu'elle est responsable des dommages qu'elle peut causer ainsi que de ceux qui seraient causés par ses salariés.

1. Précisez à Mme Sappia quels sont les risques couverts par l'offre d'assurance qui lui est soumise. À cette fin, vous expliciterez les articles du document qui couvrent les différents risques et vous illustrerez avec des exemples les sinistres qui seraient couverts.

2. Quelles sont les informations que Mme Sappia doit fournir à la MICAF avant la conclusion du contrat ? Qu'adviendrait-il si l'assureur constatait après-coup qu'il n'a pas été informé de tous les risques inhérents à l'entreprise de l'assurée ?

Dossier 2 : le contrat d'assurance

L'exploitante du fonds de commerce s'interroge sur les indemnisations qu'elle obtiendrait dans diverses situations.

1. Dans une note structurée, vous montrerez en quoi les intérêts divergents de l'assureur et de l'assuré peuvent faire naître des litiges entre eux en cas de sinistre et comment il appartient à l'assuré de prévenir cette éventualité.

2. Relevez le dispositif contractuel permettant de limiter l'intervention de l'assureur en cas de petits sinistres. Comment se justifie-t-il ?

Annexe

CONTRAT D'ASSURANCE (extraits)

FORMATION DU CONTRAT

Art. 1 – Date d'effet : le contrat prend effet à partir de la date indiquée aux conditions particulières.

Art. 2 – Cotisations : la cotisation annuelle vient à échéance le 1er janvier et est exigible à cette date.

Art. 3 – Déclaration concernant les risques, lors de la souscription

3.1 – Le présent contrat et ses avenants sont établis d'après les indications du sociétaire qui, lors de la souscription et selon les modalités prévues par la société, doit déclarer toutes les circonstances connues de lui et qui sont de nature à faire apprécier par la société les risques qu'elle garantit.

3.2 – Toute réticence ou déclaration intentionnellement fausse, toute omission ou déclaration inexacte des circonstances du risque connues du sociétaire entraînent l'application des sanctions prévues, suivant le cas, aux articles L. 113-8 (nullité du contrat) et L. 113-9 (augmentation de cotisation ou résiliation par la société) du Code des assurances. […]

RÈGLEMENT DES SINISTRES – EXPERTISE

Garanties « Indemnisation des dommages corporels » et « Dommages aux biens » de l'assuré

Art. 7 – Règlement des sinistres

7.1 – Le versement de l'indemnité est effectué dans les 15 jours qui suivent la date de l'accord

Une assurance pour une bonne couverture des risques

Suite

des parties sur son montant ou celle de la décision judiciaire exécutoire. […]

7.2 – Expertise : les dommages aux personnes assurées ou aux biens assurés sont évalués de gré à gré, éventuellement par une expertise amiable diligentée à l'initiative de la société, sous réserve des droits respectifs des parties.

À défaut d'entente, chacune des parties désigne son expert. Si les experts ainsi désignés ne sont pas d'accord, ils s'adjoignent un troisième expert : les trois experts opèrent en commun et à la majorité des voix. […]

EXCLUSIONS COMMUNES À TOUTES LES GARANTIES

Art. 11 – Sont exclus des garanties :

11.1 – Les sinistres de toute nature :

- provenant de guerre civile ou étrangère ;
- résultant de tremblements de terre, éruptions volcaniques, raz-de-marée et autres cataclysmes, exception faite des événements entrant dans le champ d'application de la loi n° 82-600 du 13 juillet 1982 relative à l'indemnisation des victimes de catastrophes naturelles ;
- causés ou aggravés par des armes ou engins destinés à exploser par modification de structure du noyau de l'atome, ou par tout combustible nucléaire, produit ou déchet radioactif, ou par toute autre source de rayonnement ionisant et qui engagent la responsabilité d'une exploitation d'installation nucléaire.

11.2 – Les dommages résultant pour lui-même ou pour toute autre personne de la faute intentionnelle ou dolosive de l'assuré. […]

OBLIGATIONS GÉNÉRALES DE L'ASSURÉ

Art. 12

12.1 – Sous peine de déchéance et sauf cas fortuit ou de force majeure :

- l'assuré est tenu de déclarer tout événement susceptible de mettre en jeu l'une des garanties souscrites, dans les cinq jours de la date à laquelle il en a eu connaissance ;
- est passible de la même sanction l'assuré convaincu de fausse déclaration intentionnelle sur la date, les circonstances ou les conséquences apparentes d'un événement garanti.

12.2 – L'estimation faite par le sociétaire de la valeur des biens déclarés à la société pour le calcul de la cotisation ne peut être considérée comme preuve, soit de l'existence de ces biens, soit de leur valeur au moment du sinistre.

En cas de sinistre, l'assuré est tenu de justifier de l'existence et de la valeur de ces biens par tous moyens en son pouvoir et tous documents en sa possession, ainsi que de l'importance du dommage.

12.3 – La constatation après sinistre par la société d'une omission ou d'une inexactitude dans la déclaration par le sociétaire de la valeur de ses biens mobiliers est sanctionnée par la réduction proportionnelle de l'indemnité prévue à l'article L. 113-9 du Code des assurances. […]

GARANTIE RESPONSABILITÉ CIVILE

Art. 18 – Responsabilité civile

- La société garantit, dans les limites fixées aux conditions particulières, les conséquences pécuniaires de la responsabilité civile que l'assuré peut encourir en raison de dommages corporels ou matériels causés à autrui de son fait, du fait de ses préposés, des choses dont il a la garde, et résultant d'un événement de caractère accidentel.
- La société garantit également, dans les mêmes limites, les conséquences pécuniaires de la responsabilité civile que l'assuré peut encourir en tant que propriétaire ou gardien d'un immeuble assuré. […]

GARANTIE DOMMAGES AUX BIENS DE L'ASSURÉ

Art. 19 – À l'exception du vol, qui fait l'objet d'un complément aux présentes conditions générales, la société garantit l'assuré contre les dommages de caractère accidentel atteignant les biens assurés. […]

Art. 22 – Franchise : pour tout événement accidentel survenu aux biens assurés, l'assuré conserve à sa charge une part des dommages ou franchise, dont le montant, fixé soit contractuellement, soit par voie réglementaire, est indiqué chaque année sur l'avis d'échéance des cotisations et rappelé lors de l'édition des conditions particulières. Sont concernés par le montant de la franchise fixé par voie réglementaire les inondations, ruissellements de boue, glissements et effondrements de terrain, avalanches, cyclones, ainsi que les événements qualifiés de catastrophes naturelles par arrêté interministériel.

Sens de la leçon

L'assurance, la mutualisation et la socialisation du risque

1 L'assurance consiste à mutualiser les risques et couvrir les propres risques de l'individu.

L'assurance repose sur trois principes :

- L'obligation d'information de l'assureur
- L'obligation de loyauté de l'assuré
- La détermination des risques couverts par les assureurs

L'assurance des biens est susceptible de garantir efficacement l'organisation contre les risques...

- ... qui la menacent (incendie, inondation...).
- ... qui pèsent sur son patrimoine (immeubles, équipements, stocks, valeurs corporelles, fonds de commerce...).

Le contrat d'assurance de responsabilité couvre un dommage causé à autrui par une organisation :

- Les dommages causés aux tiers par l'exploitation de l'entreprise
- Les dommages causés aux salariés non indemnisés par la Sécurité sociale
- Les dommages causés par les produits défectueux de l'entreprise

2 Une véritable socialisation du risque se met en place.

Cette socialisation pallie les limites de l'assurance classique :

- Les risques difficilement mesurables (imprévisibles, coûteux)
- L'exigence croissante de sécurité

Le recours à des fonds d'indemnisation se développe...

- ... pour pallier le défaut d'assurance
- ... pour assurer un financement solidaire grâce à la contribution des assurés

L'intérêt général est pris en compte à travers la sanction pénale.

préparation à l'épreuve

S'entraîner au BTS n° 2

Le stress au travail

Les compétences attendues

- Caractériser le risque inhérent à une situation professionnelle donnée et déterminer le droit applicable
- Déterminer le dispositif juridique adapté pour prévenir un risque.
- Identifier les garanties nécessaires pour se prémunir des risques.
- Délimiter le contenu et l'étendue des garanties dans une situation donnée.
- Analyser tout ou partie d'un contrat d'assurance.

Le contexte

La société papetière Bernardin SA, dirigée par Alain Schmitter, a fait l'objet l'année dernière d'un plan de restructuration. Plusieurs dizaines de personnes ont été licenciées, certaines ont été mutées, d'autres enfin ont pu conserver leur emploi, à condition d'accepter une reconversion.

Hervé Landry, salarié depuis plus de vingt ans dans l'entreprise, est dans ce cas. Ancien employé des services administratifs, il est devenu représentant de commerce. Son intégration dans une équipe de jeunes collègues, dirigés par un directeur commercial de 28 ans, ne s'est pas opérée de façon satisfaisante. Depuis plusieurs mois, Hervé Landry souffre de ses nouvelles conditions de travail. Il est fréquemment en bute à des remarques ironiques sur son âge (59 ans) et sur ses difficultés à égaler les performances des autres représentants. Plus grave encore, il doit accepter de fréquents changements dans l'organisation des tournées de travail, la direction ne lui cachant pas qu'il est chargé des secteurs les plus difficiles et des clients les plus réticents « vus les piètres résultats de son activité sur le terrain ».

Travail à faire

Vous traiterez les dossiers suivants à l'aide des annexes et de vos connaissances.

Dossier 1 : La santé psychique du salarié et le harcèlement moral

Hervé Landry a été mis en congé maladie durant deux mois pour état dépressif. Avant de recouvrer son emploi, il a été examiné par le médecin du travail, qui l'a jugé apte à reprendre ses fonctions. Pourtant, un de ses collaborateurs a jugé utile de prévenir son directeur commercial qu'il était inquiet pour la santé d'Hervé Landry. Une semaine après avoir repris le travail, son état psychique ne s'étant pas réellement amélioré, le représentant de commerce a commis une tentative de suicide en se jetant par la fenêtre de son bureau. Sa chute, amortie par le toit d'une voiture, ne lui fut pas fatale, mais aujourd'hui, il est paraplégique.

1. **Analysez l'arrêt rendu par la Cour de cassation le 26 novembre 2015 (annexe 1). Indiquez les faits, les parties et le litige. Faites ressortir la solution des juges du fond et la position de la Cour.**

2. Peut-on qualifier de harcèlement moral les faits dont a été victime Hervé Landry dans son travail ? Indiquez quels sont les problèmes posés par cette qualification. Quelle en serait la conséquence pour la victime ? pour l'employeur ? éventuellement, pour certains de ses collègues ?

Deuxième partie : La responsabilité de l'employeur, la Sécurité sociale et l'assurance

Alain Schmitter, le directeur général de la SA Bernardin, est prévenu par son avocat qu'il risque d'y avoir des suites à la tentative de suicide de son salarié.

1. Rédigez une note structurée faisant le point sur la question de la faute inexcusable de l'employeur, aussi bien dans la loi que dans la jurisprudence récente. Vous ferez ressortir les conséquences de cette faute.
2. Indiquez si, dans cette affaire, il y a lieu de retenir la faute inexcusable à l'encontre du dirigeant de la SA Bernardin. Justifiez votre proposition.
3. Relevez les dispositifs légaux et contractuels qui permettent d'assurer de façon satisfaisante l'indemnisation du salarié victime d'une faute inexcusable de l'employeur. Dans quelle mesure traduisent-ils une mutualisation de la réparation ?
4. Quelles sont les règles qui permettent d'éviter une déresponsabilisation de l'employeur ? Envisagez le cas où il est assuré et celui où il ne l'est pas. Le droit pénal peut-il concourir à cette responsabilisation ? Dans quels cas ?

Ressources documentaires

Annexe 1 Arrêt de la Cour de cassation
Annexe 2 Articles du Code du travail
Annexe 3 Articles du Code de la Sécurité sociale
Annexe 4 Article de presse
Annexe 5 Page du site de la compagnie d'assurances L'Auxiliaire (extrait)

Annexe 1 *Arrêt de la Cour de cassation*

Cour de cassation - Chambre sociale - 26 novembre 2015

Attendu, selon l'arrêt attaqué, que M. X..., né le 24 novembre 1971, engagé à compter du 3 mars 2008 par la société Petit Forestier Services en qualité de frigoriste, arrêté par suite d'un accident du travail du 18 juin au 10 juillet 2009 puis courant septembre, a été convoqué, avec mise à pied conservatoire, à un entretien préalable à un licenciement le 18 novembre 2009 et licencié pour faute grave par lettre du 30 novembre 2009 ; [...]

Vu l'article L. 1152-1 du Code du travail ;

Attendu que, pour débouter le salarié de sa demande en nullité de son licenciement et réintégration dans la société, l'arrêt retient que le comportement répréhensible et déplacé du supérieur hiérarchique du salarié qui n'avait pas pour but d'obtenir des faveurs sexuelles n'est pas établi au sens juridique du terme de harcèlement moral du salarié même si l'attitude provocante de M. Y... était de nature à susciter l'agacement et l'énervement du salarié ;

Qu'en statuant ainsi, alors qu'elle avait relevé que le supérieur hiérarchique du salarié avait adopté à son égard à plusieurs reprises un comportement répréhensible procédant d'une attitude provocante par des gestes déplacés, ce dont elle aurait dû déduire, ces agissements ayant pour effet une dégradation des conditions de travail du salarié susceptible de porter atteinte à ses droits et à sa dignité ou d'altérer sa santé physique ou mentale, qu'il avait été victime d'un harcèlement moral, la cour d'appel a violé le texte susvisé ;

PAR CES MOTIFS, [...]

CASSE ET ANNULE, dans toutes ses dispositions, l'arrêt rendu le 17 septembre 2013, entre les parties, par la Cour d'appel de Paris ; remet, en conséquence, la cause et les parties dans l'état où elles se trouvaient avant ledit arrêt et, pour être fait droit, les renvoie devant la Cour d'appel de Paris, autrement composée.

ANNEXE 2 *Articles du Code du travail*

Le harcèlement moral

Article L. 1152-1 C. trav.
Aucun salarié ne doit subir les agissements répétés de harcèlement moral qui ont pour objet ou pour effet une dégradation de ses conditions de travail susceptible de porter atteinte à ses droits et à sa dignité, d'altérer sa santé physique ou mentale ou de compromettre son avenir professionnel.

Article L. 1152-2 C. trav.
Aucun salarié, aucune personne en formation ou en stage ne peut être sanctionné, licencié ou faire l'objet d'une mesure discriminatoire, directe ou indirecte, notamment en matière de rémunération, de formation, de reclassement, d'affectation, de qualification, de classification, de promotion professionnelle, de mutation ou de renouvellement de contrat pour avoir subi ou refusé de subir des agissements répétés de harcèlement moral ou pour avoir témoigné de tels agissements ou les avoir relatés.

Article L. 1152-3 C. trav.
Toute rupture du contrat de travail intervenue en méconnaissance des dispositions des articles L. 1152-1 et L. 1152-2, toute disposition ou tout acte contraire est nul.

Article L. 1152-4 C. trav.
L'employeur prend toutes dispositions nécessaires en vue de prévenir les agissements de harcèlement moral. Les personnes mentionnées à l'article L. 1152-2 sont informées par tout moyen du texte de l'article 222-33-2du Code pénal.

Article L. 1152-5 C. trav.
Tout salarié ayant procédé à des agissements de harcèlement moral est passible d'une sanction disciplinaire.

ANNEXE 3 *Articles du Code de la Sécurité sociale*

FAUTE INEXCUSABLE OU INTENTIONNELLE DE L'EMPLOYEUR

Article L. 452-1
Lorsque l'accident est dû à la faute inexcusable de l'employeur ou de ceux qu'il s'est substitué dans la direction, la victime ou ses ayants droit ont droit à une indemnisation complémentaire dans les conditions définies aux articles suivants.

Article L. 452-2
Dans le cas mentionné à l'article précédent, la victime ou ses ayants droit reçoivent une majoration des indemnités qui leur sont dues en vertu du présent livre. Lorsqu'une indemnité en capital a été attribuée à la victime, le montant de la majoration ne peut dépasser le montant de ladite indemnité. Lorsqu'une rente a été attribuée à la victime, le montant de la majoration est fixé de telle sorte que la rente majorée allouée à la victime ne puisse excéder, soit la fraction du salaire annuel correspondant à la réduction de capacité, soit le montant de ce salaire dans le cas d'incapacité totale. En cas d'accident suivi de mort, le montant de la majoration est fixé sans que le total des rentes et des majorations servies à l'ensemble des ayants droit puisse dépasser le montant du salaire annuel ; [...]
La majoration est payée par la caisse, qui en récupère le capital représentatif auprès de l'employeur dans des conditions déterminées par décret.

Article L. 452-3
Indépendamment de la majoration de rente qu'elle reçoit en vertu de l'article précédent, la victime a le droit de demander à l'employeur devant la juridiction de Sécurité sociale la réparation du préjudice causé par les souffrances physiques et morales par elle endurées, de ses préjudices esthétiques et d'agrément ainsi que celle du préjudice résultant de la perte ou de la diminution de ses possibilités de promotion professionnelle. [...] De même, en cas d'accident suivi de mort, les ayants droit de la victime [...] peuvent demander à l'employeur réparation du préjudice moral devant la juridiction précitée. La réparation de ces préjudices est versée directement aux bénéficiaires par la Caisse qui en récupère le montant auprès de l'employeur.

ANNEXE 4 *Article de presse*

Le harcèlement

Depuis trente ans, l'organisation du travail a profondément changé. L'entreprise taylorienne, fondée sur un système qui privilégiait le collectif et les rapports de force avec les syndicats, a vécu. La crise a favorisé l'émergence d'une gestion des ressources humaines censée humaniser l'entreprise. Les rapports de travail se sont individualisés. Les nouvelles formes d'emploi, la flexibilité, la désyndicalisation ont nourri cette individualisation. Résultat : le salarié se retrouve souvent isolé, fragilisé face aux maux de l'époque : souffrance au travail, stress, harcèlement.
La justice [a pris] deux décisions importantes à propos de maux très différents mais qui témoignent d'un même mal-être au travail, généré par certaines formes de management. Le 17 décembre 2009, Renault a été condamné par le tribunal des affaires de sécurité sociale de Nanterre pour faute inexcusable à l'origine du suicide, en 2006, d'un salarié. L'entreprise, qui doit veiller à la santé psychique de ses salariés, se voit reprocher de n'avoir pas évalué les risques de stress et donc de n'avoir pas pris les mesures appropriées.
De son côté et pour la première fois en 2009, la Cour de cassation [a reconnu] – à propos du licenciement d'un salarié d'une association, en 2005, pour inaptitude – vient de reconnaître que le harcèlement moral ne relève pas seulement des relations interpersonnelles mais peut résulter de certaines formes de management.
Mais comment prouver le harcèlement moral ? Les syndicats sont souvent mal à l'aise face à ce phénomène. Quand Alcatel-Lucent décide que, chaque jour, des salariés devront se mettre en quête d'un bureau libre puisqu'aucun espace de travail ne leur est plus attribué, est-ce une nouvelle organisation ou une mise sous pression qui confine au harcèlement ? La Cour de cassation a fait un grand pas en avant, en reconnaissant la responsabilité du management. Cet arrêt [a aidé] les partenaires sociaux qui [ont repris], lundi 21 décembre 2009, une négociation sur ce sujet et plus globalement sur la souffrance au travail.

www.lemonde.fr

ANNEXE 5 *Page du site de la compagnie d'assurances L'Auxiliaire (extrait)*

L'assurance de la faute inexcusable

Longtemps interdite, l'assurance de la faute inexcusable de l'employeur a été autorisée par la loi de 1987 et a été intégrée dans nos contrats d'assurance de responsabilité professionnelle des entreprises.
Cette garantie couvre, outre votre défense, la majoration de rente accordée à la victime ou à ses ayants droit, ainsi que les préjudices personnels. Par contre, ne sont pas garanties les sanctions pénales ainsi que la majoration du taux de cotisation « accident du travail » versée à la CRAM ainsi que la cotisation spéciale au fonds de prévention des accidents du travail.
Toutefois, l'augmentation du coût des sinistres « faute inexcusable » constatés ces dernières années, ainsi que celle du nombre des mises en cause que l'on peut craindre du fait de la nouvelle jurisprudence de la Cour de cassation nécessitent une surveillance accrue de ce risque et une plus grande collaboration entre assureurs et assurés.

Les mesures de prévention et de défense de vos intérêts

Outre le « document unique » qui recense les risques et les mesures de prévention que vous avez engagées pour assurer la sécurité et la santé de vos salariés*, il est nécessaire de penser à formaliser les délégations de pouvoir, mais aussi d'informer et de former vos salariés d'une façon rigoureuse.
Si, toutefois, une recherche de faute inexcusable était intentée à votre encontre, nous vous conseillons de contacter L'Auxiliaire immédiatement afin d'organiser votre défense devant le tribunal des affaires sociales et d'envisager, si cela est possible, un accord amiable lors de l'audience de conciliation.
En cas d'échec, nous assurerons votre défense dans la phase judiciaire et prendrons en charge, si vous êtes condamné, la majoration de rente et le paiement des préjudices personnels.

* Le document unique a été rendu obligatoire par un décret de 2001. L'employeur qui ne transcrirait pas sur ce document les résultats de l'évaluation des risques ou qui ne le mettrait pas à jour pourrait, en cas d'accident du travail ou de maladie professionnelle, voir sa responsabilité engagée sur le fondement de la faute inexcusable.

www.auxiliaire.fr

préparation à l'épreuve

S'entraîner au BTS n° 3

La société Noplet va à vau-l'eau

Les compétences attendues

- Caractériser le risque inhérent à une situation professionnelle donnée et déterminer le droit applicable.
- Analyser l'évolution des principes juridiques en matière de risques.
- Déterminer le dispositif juridique adapté pour prévenir un risque.
- Identifier les garanties nécessaires pour se prémunir des risques.
- Analyser tout ou partie d'un engagement contractuel.

Le contexte

L'entreprise de maroquinerie et de fabrication de chaussures Noplet SA est installée à Romans, dans le département de la Drôme, en bordure de l'Isère. Elle emploie 60 salariés et connaît une certaine prospérité.

Pourtant, le directeur général, Julien Noplet, est confronté à quelques difficultés : un incident récent l'oppose à une association locale de défense de l'environnement et aux représentants du personnel de son entreprise. Il s'interroge et envisage de consulter un juriste.

Travail à faire

Vous traiterez les dossiers suivants à l'aide des annexes et de vos connaissances.

Dossier 1 : La responsabilité civile de l'entreprise

André Siruk, salarié de l'entreprise, est un des manutentionnaires chargés, entre autres activités, de ranger et stocker les matériaux et produits utilisés par l'atelier de confection des chaussures. En procédant au déchargement d'un camion, il a glissé et a laissé s'échapper deux fûts de colle, qui sont tombés dans l'Isère après s'être fracassés sur les rochers en contrebas de la berge. André Siruk estime que lui-même aurait pu subir le même sort car le quai de chargement, parallèle à la berge, ne comporte aucune rambarde latérale susceptible d'assurer la sécurité des personnes qui y travaillent.

La colle s'est très vite propagée dans l'Isère, formant sur l'eau une grande nappe toxique pour les poissons et pour la flore aquatique locale.

L'incident a immédiatement été rapporté à un contremaître, qui en a informé lui-même M. Noplet.

1. **Analysez juridiquement la situation de responsabilité civile née de la chute dans l'Isère des fûts et du produit toxique qu'ils contenaient : précisez qui est responsable et quels sont le fait générateur, le dommage et le lien de causalité.**

2. **L'entreprise Noplet étant assurée, quelle sera, selon vous, l'assurance mise en œuvre ? Quelles dispositions du contrat d'assurance peuvent laisser tout ou partie des indemnisations à la charge de l'assuré ?**

3. **Indiquez en quoi le document annuel d'évaluation des risques aurait dû éviter l'incident survenu à André Siruk. Faudra-t-il attendre la date anniversaire de sa rédaction pour l'améliorer et le compléter ? Justifiez.**

DOSSIER 2 : Litige sur le pouvoir du chef d'entreprise et sur une clause de non-concurrence

Le directeur général de l'entreprise Noplet estime que ce fâcheux incident a pour origine une mauvaise manœuvre d'André Siruk, qu'il envisage de sanctionner.

Il s'appuie pour cela sur un enregistrement vidéo. En effet, un système de sécurité contre les effractions comporte deux caméras qui filment en permanence le quai de chargement. Les salariés connaissent ce dispositif, qui n'est pas dissimulé, mais ils n'ont jamais été prévenus de son installation et de la conservation des enregistrements sur support numérique.

Germain Thibault, chef d'atelier, est par ailleurs délégué du personnel : il a toujours pris la défense d'André Siruk. Découragé par ce qu'il estime être de la mauvaise foi de la part de son employeur, il décide de démissionner pour répondre aux sollicitations d'une entreprise concurrente située dans la même ville.

1. **Rédigez une note structurée précisant les conditions et les limites de l'utilisation d'un enregistrement vidéo pour servir de preuve en droit du travail.**

2. **M. Noplet peut-il prendre appui sur la clause de non-concurrence du contrat de Germain Thibault pour agir contre lui en justice ? Présentez les points forts et les points faibles de son éventuelle demande. Concluez sur la recevabilité ou la non-recevabilité de celle-ci.**

RESSOURCES DOCUMENTAIRES

ANNEXE 1 Article de doctrine
ANNEXE 2 Articles du Code du travail
ANNEXE 3 Publicité en ligne de la compagnie d'assurances Pisano (extraits)
ANNEXE 4 Jurisprudence
ANNEXE 5 Extrait du contrat de travail de Germain Thibault

ANNEXE 1 *Article de doctrine*

En droit français, l'employeur est responsable de plein droit de l'activité de ses salariés. En effet, aux termes de l'article 1384 (aujourd'hui 1242) du Code civil, « *On est responsable non seulement du dommage que l'on cause par son propre fait, mais encore de celui qui est causé par le fait des personnes dont on doit répondre, ou des choses que l'on a sous sa garde* ». De plus, aux termes de l'article 1384, al. 5 (aujourd'hui 1242, al. 5), du Code civil, « *les maîtres et les commettants* [...] *sont responsables* [...] *du dommage causé par leurs domestiques et préposés dans les fonctions auxquelles ils les ont employés* ». Il s'agit là d'une responsabilité dite « de plein droit », ce qui signifie qu'aucune faute personnelle de l'employeur n'est exigée pour que sa responsabilité soit engagée au regard de l'activité de ses salariés.

Murielle Cahen, www.net-iris.fr

Annexe 2 *Articles du Code du travail*

Code du travail

Article L. 4121-3 - L'employeur, compte tenu de la nature des activités de l'établissement, évalue les risques pour la santé et la sécurité des travailleurs, y compris dans le choix des procédés de fabrication, des équipements de travail, des substances ou préparations chimiques, dans l'aménagement ou le réaménagement des lieux de travail ou des installations et dans la définition des postes de travail. Cette évaluation des risques tient compte de l'impact différencié de l'exposition au risque en fonction du sexe.
À la suite de cette évaluation, l'employeur met en œuvre les actions de prévention ainsi que les méthodes de travail et de production garantissant un meilleur niveau de protection de la santé et de la sécurité des travailleurs. Il intègre ces actions et ces méthodes dans l'ensemble des activités de l'établissement et à tous les niveaux de l'encadrement.
Lorsque les documents prévus par les dispositions réglementaires prises pour l'application du présent article doivent faire l'objet d'une mise à jour, celle-ci peut être moins fréquente dans les entreprises de moins de onze salariés [...].

Article R. 4121-1 - L'employeur transcrit et met à jour dans un document unique les résultats de l'évaluation des risques pour la santé et la sécurité des travailleurs à laquelle il procède en application de l'article L. 4121-3.
Cette évaluation comporte un inventaire des risques identifiés dans chaque unité de travail de l'entreprise ou de l'établissement, y compris ceux liés aux ambiances thermiques.

Article R. 4121-2 - La mise à jour du document unique d'évaluation des risques est réalisée :
1° Au moins chaque année ;
2° Lors de toute décision d'aménagement important modifiant les conditions de santé et de sécurité ou les conditions de travail, au sens de l'article L. 4612-8 ;
3° Lorsqu'une information supplémentaire intéressant l'évaluation d'un risque dans une unité de travail est recueillie.

Article R. 4121-3 - Dans les établissements dotés d'un comité d'hygiène, de sécurité et des conditions de travail, le document unique d'évaluation des risques est utilisé pour l'établissement du rapport et du programme de prévention des risques professionnels annuels prévus à l'article L. 4612-16.

Annexe 3 *Publicité en ligne de la compagnie d'assurance PISANO (extraits)*

Garantie risques environnementaux

★ ★

La garantie des risques environnement de l'entreprise vous intéresse particulièrement si :
- votre entreprise stocke ou exploite des produits susceptibles d'impacts environnementaux;
- vos activités reposent sur l'exploitation d'une ressource naturelle vulnérable à tout accident de pollution;
- une dégradation de la qualité de l'environnement constitue une menace directe pour la pérennité de votre activité (établissements thermaux, salles blanches, industries agro-alimentaires) ou vous expose à l'obligation d'engager des frais de dépollution ou de décontamination.

Face au coût financier à supporter par l'entreprise à la suite d'une atteinte à l'environnement et de son possible impacte médiatique, nous vous proposons des garanties particulièrement adaptées au marché des PME-PMI, complétées d'un programme d'accompagnement en cas de crise environnementale :
- garantie responsabilité civile atteinte à l'environnement;
- garantie frais de sauvegarde de l'environnement;
- garantie perte d'exploitation;
- garantie protection juridique.

www.assurance-environnement.com

Annexe 4 *Jurisprudence*

Cour de cassation, Chambre sociale, 10 janvier 2012

Vu les articles L. 1222-4 du Code du travail et 1134 du Code civil ;

Attendu, selon l'arrêt attaqué, que M. X... et divers autres salariés de la société de nettoyage Technique française du nettoyage (TFN), affectés sur le site de la société cliente Guillet, ayant saisi la juridiction prud'homale aux fins d'obtenir le paiement notamment de primes d'habillage, leur employeur a demandé et obtenu le 3 septembre 2008 une ordonnance sur requête désignant un huissier aux fins de visionner les enregistrements des caméras de vidéosurveillance placées à l'entrée de la société cliente pour la période d'avril à août 2008 et d'établir un relevé des heures d'arrivée et de départ de ses salariés à comparer avec les relevés d'activité établis par le chef d'équipe ; que le procès-verbal, dressé le 18 septembre 2008, a été produit par l'employeur dans la procédure prud'homale ; [...]

Attendu que [...] l'arrêt confirmatif retient par motifs propres et adoptés que le renforcement de la vidéosurveillance par la société cliente n'ayant pas pour but de contrôler le travail des salariés prestataires mais uniquement de surveiller les portes d'accès de ses locaux pour renforcer la sécurité et l'employeur ayant dès le 20 mai 2008 avisé ses salariés de ce dispositif, [...] par une information à laquelle il n'était pas tenu [...], le procédé ayant été installé par le client de l'entreprise, les enregistrements litigieux constituent un moyen de preuve licite ;

Attendu cependant que si l'employeur a le droit de contrôler et de surveiller l'activité de ses salariés pendant le temps de travail, il ne peut être autorisé à utiliser comme mode de preuve les enregistrements d'un système de vidéosurveillance installé sur le site d'une société cliente permettant le contrôle de leur activité dont les intéressés n'ont pas été préalablement informés de l'existence ;

Qu'en statuant comme elle l'a fait, alors que la lettre du 20 mai 2008 [...] n'informait pas les salariés de l'existence d'un dispositif de vidéosurveillance qui permettait de contrôler leurs heures d'arrivée et de départ sur le lieu du travail, la cour d'appel a violé les textes susvisés ;

Par ces motifs : casse et annule, dans toutes ses dispositions, l'arrêt rendu le 8 juin 2010, entre les parties, par la Cour d'appel d'Angers [...].

Annexe 5 *Extrait du contrat de travail de Germain Thibault*

Clause de non-concurrence

Il est convenu entre les parties qu'en cas de rupture du présent contrat, pour quelque cause que ce soit, hormis le départ à la retraite du salarié et la disparition de l'entreprise, M. Germain Thibault s'interdit :

- d'une part, de créer une entreprise de maroquinerie et/ou de fabrication de chaussures ;
- d'autre part, d'accepter un emploi salarié en tant que responsable de fabrication de produits de maroquinerie ou de chaussures dans une entreprise concurrente de la SA Noplet.

Les restrictions ci-dessus s'appliquent au département de la Drôme et aux départements limitrophes, pour une durée de trois ans à compter de la rupture du contrat.

En contrepartie de cette interdiction d'exercer, il est prévu que M. Thibault recevrait une indemnité fixée d'un commun accord entre les parties à un dixième de son salaire net. Cette contrepartie financière serait versée chaque trimestre jusqu'aux termes des trois années d'application de la clause.

De convention expresse, il est prévu que l'employeur puisse dispenser le salarié de l'application de la présente clause, en le lui signifiant par lettre recommandée avec accusé de réception au plus tard huit jours après la rupture du contrat.

Préparation à l'épreuve

Présentation de l'épreuve

L'épreuve écrite U31 d'Économie et Droit se compose de deux parties indépendantes : une partie juridique et une partie économique, à traiter sur une durée de 2 heures pour chaque partie de l'épreuve.

La partie juridique porte sur un ou plusieurs thèmes des **programmes des années de BTS** et vise à évaluer votre capacité à mobiliser vos connaissances et à mettre en œuvre les compétences acquises tout au long de votre cursus.

L'objectif

Le principal objectif du BTS est à caractère opérationnel. Les compétences et les connaissances à acquérir vous permettront :

– de maîtriser les règles de droit qui s'appliquent aux différents acteurs économiques et sociaux, en mesurant le sens et la portée de ces règles, dans un contexte national et international ;

– de disposer des compétences méthodologiques en matière de recherche et d'analyse d'une documentation juridique, de mise en œuvre d'outils et de normes en usage dans le domaine du droit ;

– d'analyser des situations simples tirées de la vie des organisations et/ou de proposer des solutions argumentées.

Le sujet

Il se présente sous la forme d'un dossier documentaire décrivant une ou plusieurs situations juridiques. Il comporte un questionnement destiné à guider votre travail, accompagné ou non d'annexes.

Les différents dossiers à analyser vous inviteront à résoudre une situation juridique et/ou à rédiger une note structurée.

Ces différents dossiers peuvent être accompagnés d'annexes constituées par un contrat, une décision de justice, etc. Ces annexes nécessitent donc elles-mêmes des méthodologies en vue d'une exploitation efficace.

I. Mettre en œuvre les méthodologies

1. Analyser une situation juridique

L'exercice qui consiste à résoudre un cas pratique permet d'apprécier l'aptitude de l'étudiant à appliquer des règles de droit à des situations concrètes. Résoudre un cas pratique consiste à répondre à une ou plusieurs questions posées sur une situation donnée, en utilisant l'argumentation juridique appropriée. La résolution de tout cas pratique suppose de répondre aux questions suivantes :

– Quels sont les faits ?

– Quel est le problème juridique posé ?

– Quelle est la règle de droit applicable ?

– Quelle argumentation peut-on développer ?

– Quelle solution doit-on adopter ?

Démarche

Étape 1 Les faits qualifiés

La première étape du travail suppose de lire attentivement le contexte et les faits qui sont à l'origine du problème qui vous est soumis.

Exemple : M. X avait l'habitude de se livrer chez un fournisseur, l'entreprise Y., dans le cadre d'un accord passé avec elle. À la suite d'un dégât causé à la marchandise lors d'un transport, M. X a voulu faire payer à l'entreprise Y le préjudice subi. Le fournisseur n'a rien voulu entendre, et a prétendu être exonéré de toute réclamation grâce aux termes du contrat.

Vous devez traduire ces faits en termes juridiques. Qualifier les faits permet de rattacher la problématique concrète à un cadre juridique abstrait, c'est-à-dire à la règle de droit applicable afin d'en tirer des conclusions. L'exercice de qualification juridique consiste donc à donner aux faits concernés la traduction juridique adaptée permettant l'application de la règle de droit.

Exemple : le cocontractant d'un commerçant invoque une clause de non-responsabilité pour repousser une demande d'indemnisation née d'une livraison défectueuse.

À ce stade, il faut éviter de mêler aux faits des éléments de droit, et encore moins une solution prématurée.

Étape 2 Le problème juridique

L'identification des parties (demandeur et défendeur) et des éléments du problème doit aboutir à la formulation du problème juridique. Ce problème doit être présenté de façon générale, au-delà du cas spécifique.

Exemple : Quels sont les droits des salariés quant à l'utilisation personnelle de leur messagerie professionnelle ? ou bien : Un employeur peut-il licencier un salarié après avoir pris connaissance, en son absence, du contenu de sa messagerie ?

Étape 3 La ou les règle (s) de droit applicable(s)

Il s'agit d'expliquer les grandes lignes du droit positif, qui permettront d'apporter une réponse au questionnement juridique identifié dans l'étape précédente.

Exemple : le droit pose comme principe que toute utilisation de son poste de travail par un salarié est supposée avoir une finalité professionnelle, y compris l'envoi de messages électroniques, à charge pour l'employé d'identifier les dossiers et courriers qu'il considère comme personnels. La connexion Internet mise à disposition par l'employeur est un outil de travail dont l'utilisation doit être purement professionnelle, sauf usage modéré personnel autorisé, etc.

Des règles juridiques sont parfois fournies en annexe dans le sujet (extrait de codes, décision de justice, convention collective…), mais on attendra généralement de vous que vous fassiez appel à vos connaissances. Il est donc indispensable de bien identifier et maîtriser la partie du cours concernée.

Étape 4 La solutions proposée

Les étapes précédentes ont permis de passer des faits au droit. Il s'agit maintenant d'appliquer le droit aux faits pour proposer une ou plusieurs solutions. Il faut donc s'attacher à tirer les conséquences des analyses précédentes. L'argumentation juridique consiste à rapprocher les faits, juridiquement qualifiés, des règles de droit applicables, pour en déduire une ou plusieurs solutions.

La solution que vous proposerez est susceptible d'entraîner des conséquences juridiques (action en justice, démarches, etc.). Elle doit être justifiée par une argumentation juridique rigoureuse.

Exemple : le licenciement de ce salarié sera considéré comme abusif ou, au contraire, sera validé car fondé sur une cause réelle et sérieuse.

Vous devez soigner la rédaction et structurer votre propos avec des transitions claires (« C'est pourquoi…, Compte tenu de…, En conséquence… »). Dans tous les cas, vous utilisez le vocabulaire juridique adéquat.

Vous pourrez introduire la solution que vous proposez avec une formule classique : « Dans le cas d'espèce…, En l'espèce…, Dans le cas étudié… »

Application

Léa a été engagée en qualité de vendeuse par la société CQFD en 2006. Le 18 janvier 2011, elle a adressé un courrier électronique aux actionnaires et dirigeants de l'entreprise, dans lequel elle dénonçait ses conditions de travail et de rémunération par les propos suivants : « *Je dénonce des horaires de service dépassés et non rémunérés, un rythme tendu et stressant lors de la période de Noël, un salaire aligné sur le Smic, un travail de manutention pénible, une mauvaise qualité du tablier de travail, un contrôle sans restriction des sacs à la sortie du magasin ! Et sachez que je travaille dur, et toujours avec le sourire, pour contribuer à votre enrichissement.* » Estimant que ce courriel comportait des termes injurieux, diffamatoires et excessifs, l'employeur l'a licenciée pour faute grave. Contestant ce licenciement, Léa souhaite saisir le conseil de prud'hommes.

Qualifiez la situation opposant Léa à son employeur et présentez l'argumentation juridique permettant de résoudre ce litige. Appuyez-vous sur la documentation fournie ci-dessous.

Article L. 1121-1 du Code du travail – Libertés individuelles dans l'entreprise

« Nul ne peut apporter aux droits des personnes et aux libertés individuelles et collectives de restrictions qui ne seraient pas justifiées par la nature de la tâche à accomplir ni proportionnées au but recherché ».

Article L. 2281-1 du Code du travail

« Les salariés bénéficient d'un droit à l'expression directe et collective sur le contenu, les conditions d'exercice et l'organisation de leur travail. »

Corrigé

1. Les faits qualifiés

Une salariée est licenciée pour faute grave après avoir adressé un courriel dénonçant ses conditions de travail à son employeur et aux actionnaires de la société qui l'employait.

2. Le problème juridique

Un salarié abuse-t-il son libre droit d'expression dans l'entreprise en dénonçant, sans termes injurieux, ses conditions de travail ?

3. La ou les règle(s) de droit applicable(s)

Article L. 1121-1 du Code du travail sur les libertés individuelles dans l'entreprise : « Nul ne peut apporter aux droits des personnes et aux libertés individuelles et collectives de restrictions qui ne seraient pas justifiées par la nature de la tâche à accomplir ni proportionnées au but recherché. »

Cependant, et a contrario, l'employeur dispose du pouvoir de direction dans son entreprise. Il peut estimer, s'il en rapporte la preuve, qu'un salarié abuse de sa liberté d'expression s'il diffuse des propos mensongers sur ses conditions de travail et sa rémunération, traduisant ainsi son intention de nuire à l'employeur.

4. La solution proposée

Dans le cadre de son pouvoir de direction, l'employeur peut sanctionner l'abus de propos mensongers caractérisant un manquement du salarié à son devoir de loyauté dans l'exécution de son contrat de travail. Cependant, c'est aussi à l'employeur d'en rapporter la preuve, car son pouvoir de direction doit intégrer et respecter le principe de la liberté individuelle d'expression des salariés.

En l'espèce, la salariée a formulé un certain nombre de doléances sur le contenu, les conditions d'exercice et l'organisation de son travail, sur un ton tout au plus satyrique ou ironique, mais non violent et en aucun cas diffamatoire. L'intention de nuire à l'employeur ne semble pas établie ici. La salariée n'a fait qu'user de la liberté d'expression dont jouit tout salarié dans l'entreprise.

Il semble que Léa n'ait pas abusé de sa liberté d'expression en ayant adressé aux actionnaires et dirigeants de l'entreprise un courrier électronique portant sur ses conditions de travail et sa rémunération, dès lors que ce courrier ne comportait pas de termes injurieux, diffamatoires ou excessifs. Son licenciement sera sans doute sanctionné par la justice.

2. Rédiger une note structurée

Dans l'épreuve de Droit, il peut vous être demandé de rédiger une note structurée destinée à apporter un éclairage juridique par rapport à un litige ou aux questions d'une personne. Dans certains cas, vous disposerez d'annexes qui vous donneront des éléments de réflexion.

C'est la qualité du raisonnement et de l'argumentation ainsi que le vocabulaire adapté et une réflexion construite qui seront appréciés dans ce type d'exercice. Cela signifie que le travail doit être structuré selon les consignes formulées dans le sujet.

Démarche

Étape 1 Rédiger une introduction

L'introduction n'est pas indispensable mais elle est conseillée pour présenter ou rappeler le contexte de l'étude et annoncer les points de droit qui seront abordés.

Remarque : Les critères de forme de la note (émetteur, date...) ne sont pas évalués dans cette épreuve. Cette note peut ne pas contenir de titre de civilité ou de formule de politesse.

Étape 2 Proposer une argumentation juridique

Il s'agit d'exposer les principes juridiques qui s'appliquent au problème identifié. Cette argumentation se fait en quelques lignes structurées en deux ou trois parties, chaque partie ou sous-partie peut être identifiée par un numéro ou un titre. Le style est impersonnel, neutre et utilise des formules telles que : il semble que..., il apparaît...

Étape 3 Formuler des propositions

Il s'agit d'éclairer la personne qui vous a posé la ou les questions, en lui faisant un ou des propositions, ou suggestions. *(Exemple : changer de statut juridique, saisir la justice pour...)*

Application

À l'aide de vos connaissances, rédigez une note structurée pour conseiller M. X.

M. X, jeune commercial récemment recruté par une PME, se voit soumettre par son employeur, une clause de non-concurrence dans son contrat. Il vous demande de lui en présenter, dans une courte note, les conditions de validité et les conséquences en cas de non-respect de cette clause.

Annexe *Clause de non-concurrence*

Compte tenu de la connaissance des fichiers clients et des informations stratégiques auxquelles M. X. est appelé à avoir accès, il est convenu qu'en cas de rupture de son contrat, pour quelque cause que ce soit, y compris en cas de rupture du contrat durant la période d'essai, M. X. s'interdit d'accepter chez un concurrent de la société Y. tout contrat de travail qui l'amènerait à exercer des fonctions similaires aux siennes. De même il lui est interdit de créer sa propre entreprise en concurrençant directement son actuel employeur.

La présente interdiction de concurrence s'appliquera pendant une durée de deux ans après la rupture du contrat de travail, dans le département du lieu du siège de l'entreprise Y., ainsi que dans les départements limitrophes.

Durant les deux années d'application de cette clause, l'entreprise Y. s'engage à verser à M. X. une contrepartie financière équivalente à 40 % de sa rémunération nette au jour de la rupture du contrat. Toutefois, la société Y. se réserve le droit de libérer M. X. de son obligation de non-concurrence. Dans ce cas, elle sera elle-même dispensée du paiement de la contrepartie prévue ci-dessus.

Corrigé

M. X, commercial, s'interroge sur la nature, les conditions et les effets de la clause de non-concurrence.

La clause de non-concurrence est une clause du contrat de travail interdisant, sous certaines conditions, d'exercer après la rupture du contrat, une activité professionnelle qui causerait un préjudice à l'employeur. Elle aboutit donc à interdire à un salarié d'exercer son activité dans une entreprise concurrente de celle de son employeur à l'issue de son contrat de travail.

1 • Les conditions de validité de la clause de non-concurrence

La clause de non-concurrence résulte du contrat de travail ou d'un accord collectif. Elle est nécessairement écrite car elle ne se présume pas. La jurisprudence a établi un ensemble de conditions cumulatives pour que la clause de non-concurrence soit valable et applicable : elle doit être limitée dans le temps et dans l'espace ; elle doit prévoir une contrepartie pécuniaire au profit du salarié, qui est la juste indemnisation du préjudice subi par le salarié du fait de l'application de cette clause.

Elle doit également laisser au salarié la possibilité de travailler, doit respecter un critère de proportionnalité et doit protéger les intérêts légitimes de l'entreprise. En effet, l'insertion d'une clause de non-concurrence dans un contrat de travail n'est valable que si elle est indispensable à la défense des intérêts légitimes de l'entreprise et si elle ne porte pas une atteinte injustifiée et disproportionnée à la liberté du travail.

Enfin, la clause de non-concurrence devient applicable après la rupture du contrat de travail, et selon les formes prévues dans la clause.

2 • Les conséquences du non-respect de la clause de non-concurrence

Le salarié qui ne respecte pas la clause encourt des risques.

L'employeur peut engager une action devant le conseil de prud'hommes afin d'obtenir le remboursement de la contrepartie financière et le versement de dommages et intérêts.

Le juge peut également demander au salarié de cesser sa nouvelle activité.

II. Savoir exploiter les annexes

1. Analyser un contrat

Dans l'épreuve de Droit, vous devez répondre à des questions de manière à proposer une solution à un problème juridique. Vous disposez pour cela d'un dossier documentaire pouvant comporter un contrat ou des clauses extraites d'un contrat.

Il s'agira alors pour vous, selon les exigences de l'exercice :

– de rattacher le contrat à une situation juridique ;

– d'identifier les obligations des parties et les effets particuliers de certaines clauses contractuelles ;

– d'exercer votre esprit critique et d'apprécier la validité du contrat en général ou de ses clauses spécifiques ;

– éventuellement, de faire le rapprochement entre le contenu du contrat proposé à l'étude et les informations juridiques fournies par d'autres sources documentaires (extrait de code, jurisprudence, etc.).

Démarche

Étape 1 Lire le contrat ou les clauses extraites du contrat

Cette première étape permet de repérer de quel type de contrat il s'agit (contrat de travail, contrat de vente, contrat d'assurance…). La première lecture du contrat suffit à l'identifier, souvent grâce au titre du document.

Étape 2 Analyser le contrat

La méthode d'analyse se déroule selon les phases suivantes.

1. La situation juridique

Il s'agit d'identifier les éléments du contrat qui précisent la situation :

– d'abord, l'objet du contrat : contrat de travail (à durée déterminée, indéterminée, etc.), contrat de vente (entre professionnels, entre un professionnel et un consommateur, etc.), contrat de location (civile, commerciale), contrat de transport, contrat d'assurance, etc. ;

– ensuite, les parties concernées : un salarié et son employeur, un vendeur et un acheteur, un bailleur et son locataire, un transporteur et une personne transportée, un assureur et un assuré, etc.

2. La règle de droit applicable

Il s'agit de retrouver à quelle branche du droit se rapporte le contrat : droit civil, droit du travail, droit commercial, droit de la consommation, etc.

3. La validité du contrat

1. Vérifier l'existence des conditions générales de validité du contrat (C. civ, art. 1128)

– Le consentement des parties (existence et absence de vice) ;

– Leur capacité de contracter ;

– Un contenu licite et certain.

2. Vérifier l'existence des conditions spécifiques de validité du contrat

– Les exigences légales (les mentions impératives dans les contrats de travail atypiques, par exemple) ;

– La présence de formulaires à joindre impérativement (le bordereau de rétractation dans le contrat de vente à domicile, par exemple) ;

– La signature des parties.

4. Les caractéristiques du contrat

Il s'agit de situer le contrat dans les classifications de référence (contrat consensuel ou formel, contrat synallagmatique ou unilatéral, contrat onéreux ou à titre gratuit, etc.).

Vous justifierez la typologie retenue (*ex. : il s'agit d'un contrat consensuel parce que l'écrit n'est pas une condition de validité mais un instrument de preuve ; c'est un contrat synallagmatique parce qu'il fait naître des obligations réciproques*).

5. Les clauses du contrat

Vous repérerez les divers éléments du contrat :

- La nature précise du contrat : contrat de travail à temps partiel, prêt à la consommation, contrat de location avec option d'achat… ;
- Le lieu et la date de conclusion du contrat ;
- Les parties, avec leurs noms et leurs qualités en droit (SARL Durand, employeur, et Mme Bayle, salariée ; M. Dubois, emprunteur, la banque SMC SA, prêteur) ;
- La durée et/ou le terme du contrat ; éventuellement, les possibilités de renouvellement prévues par une clause.

6. Les effets du contrat

Il s'agit de préciser quelles sont les obligations des parties découlant du contrat, en distinguant celles qui se traduisent par des sommes à payer (prix du bien vendu, loyer de l'appartement, salaire et éléments de rémunération, etc.) et celles qui revêtent une autre forme (prestation de travail, réalisation d'une activité, livraison d'un bien, interdiction d'exercer une activité, etc.).

ÉTAPE 3 Utiliser le résultat de cette analyse pour résoudre le cas

En fonction des questions posées par le sujet, l'analyse ainsi menée pourra être utilisée pour argumenter sur la solution proposée.

Application

L'entreprise de chimie Carrier SA a embauché Mme Vilard en tant que responsable d'un de ses pôles de recherche. Les parties ont signé le contrat de travail reproduit ci-après. Analysez la situation professionnelle de la salariée en répondant aux questions suivantes.

1. De quel type de contrat s'agit-il ? Où et quand a-t-il été conclu ?

2. Les conditions générales de validité des contrats sont-elles réunies ? L'écrit est-il une condition de validité de ce contrat ? Pourquoi ?

3. Quelles sont les obligations des parties ?

4. Quels sont les termes du contrat favorables aux intérêts de la salariée ?

5. Quelles sont les clauses qui peuvent paraître pénalisantes pour la salariée ? Ces clauses sont-elles licites ?

Note : ces questions sont un exemple pour l'entraînement proposé ici ; ce n'est pas forcément le modèle des questions de l'épreuve.

CONTRAT DE TRAVAIL À DURÉE INDÉTERMINÉE

ENTRE LES SOUSSIGNÉS :

– la Société anonyme CARRIER, 14, avenue de la Victoire 26000 Montélimar
représentée par M. Gilles Brasset, agissant en qualité de Directeur des ressources humaines,
d'une part,

– et Mme Maryse Vilard demeurant 8, rue Champollion 26000 Montélimar,
d'autre part,

IL A ÉTÉ CONVENU ET ARRÊTÉ CE QUI SUIT :

Article 1er – La Société CARRIER engage, sous réserve des résultats de la visite médicale d'embauche, Mme Maryse Vilard, âgée de 32 ans, à compter du 1er octobre N.
Le contrat est soumis aux dispositions de la Convention collective nationale des industries chimiques (brochure JO n° 3108).

Article 2 – Qualification et fonctions
Mme Maryse Vilard sera employée en qualité d'ingénieur plasticien en chef. Elle dirigera le pôle « Recherche en plasturgie souple » et encadrera les ingénieurs et chercheurs qui lui seront rattachés. Elle respectera en permanence son devoir de loyauté, complété par l'obligation au secret professionnel pour tout ce qui concerne les programmes de recherche et leur avancée.

Article 3 – Durée du contrat et préavis en cas de rupture
Le présent contrat est conclu pour une durée indéterminée. Il est résiliable par l'une ou l'autre des parties, dans le respect des règles légales et conventionnelles, sous réserve du respect d'un délai de préavis d'un mois en cas de démission et de deux mois en cas de licenciement.

Article 4 – Statut et rémunération
Mme Maryse Vilard aura la qualification de cadre, coefficient 385 dans la convention collective ; elle percevra un salaire mensuel brut de 3 100 € (trois mille cent euros), versé le 30 de chaque mois civil, et correspondant à la rémunération prévue par la convention collective précitée pour le coefficient 385. Ce salaire sera révisé annuellement selon les modalités conventionnelles existantes.

Article 5 – Durée du travail
Selon la loi, soit 35 heures hebdomadaires ; Horaires et organisation de la semaine : selon les précisions du règlement intérieur en vigueur. Heures supplémentaires : selon les nécessités de service.

Article 6 – Clause de mobilité : Mme Maryse Vilard exercera ses fonctions à Montélimar. Toutefois, compte tenu de la nature de ses activités, l'entreprise CARRIER se réserve la possibilité de la muter dans ses autres centres de recherche, soit à Marseille, soit à Nantes, selon les nécessités de service, et en respectant un délai de prévenance de trois mois. Le refus de Mme Maryse Vilard de rejoindre son nouveau poste équivaudrait à une démission de sa part.

Article 7 – Clause de non-concurrence
En cas de rupture du présent contrat, pour quelque cause que ce soit, Mme Maryse Vilard s'engage formellement à ne pas travailler dans des fonctions similaires aux siennes, pour une entreprise ayant une activité concurrente de celle de la Société CARRIER. Cette restriction est valable pendant une durée de deux ans à compter de la cessation du contrat, et s'applique dans le département de la Drôme et dans les départements limitrophes.
En contrepartie de cette obligation, Mme Maryse Vilard percevra pendant toute la durée de l'interdiction une indemnité mensuelle égale à 50 % de son salaire au jour de la rupture du contrat.
En cas de non-respect de la présente clause, Mme Maryse Vilard sera redevable d'une somme fixée à l'équivalent de six mois du dernier salaire perçu.

Fait en deux exemplaires,
à Montélimar, le 21 septembre N

Lu et approuvé
M. Vilard

Lu et approuvé
G. Brasset

Corrigé

1. De quel type de contrat s'agit-il ? Où et quand a-t-il été conclu ?

Il s'agit d'un contrat de travail à durée indéterminée. Il a été conclu à Montélimar, le 21 septembre N.

2. Les conditions générales de validité des contrats sont-elles réunies ? L'écrit est-il une condition de validité de ce contrat ?

– Capacité des parties : rien ne permet de douter de la capacité de Mme Vilard, qui est majeure. Pour la société, les fonctions exercées par le directeur des ressources humaines laissent supposer qu'il a reçu du directeur général la délégation de pouvoir indispensable à la signature des contrats de travail.
– Consentement : il apparaît au travers des signatures. Rien ne laisse présumer l'existence d'une erreur, d'un dol, ou d'une violence à l'origine du consentement des parties.
– Contenu : il est déterminé pour les deux parties (la prestation de travail d'une part, la rémunération d'autre part) et il est parfaitement licite.
Les trois conditions de validité des contrats prévues par l'article 1128 du Code civil sont donc réunies.
Pour ce qui concerne l'écrit, le contrat de travail à durée indéterminée est un contrat consensuel ; au contraire du contrat de travail à durée déterminée, il n'exige pas obligatoirement la forme écrite et l'absence de rédaction n'entraîne pas la nullité du contrat. Pour autant, le document écrit est utile en tant qu'instrument de preuve de l'existence du contrat et des obligations qui en découlent pour les deux parties.

3. Quelles sont les obligations des parties ?

– L'employeur doit respecter les engagements nés du contrat (travail demandé à la salariée conforme à sa qualification et aux fonctions définies) ; il doit verser le salaire convenu et le réviser aux dates prévues et selon les modalités de la convention collective.
– La salariée doit exécuter la prestation de travail précisée par le contrat ; elle doit respecter les termes du contrat, aussi bien ses conditions générales (obligation de loyauté, secret professionnel) que les clauses particulières (clause de mobilité, clause de non-concurrence).

4. Quels sont les termes du contrat favorables aux intérêts de la salariée ?

Le premier aspect favorable du contrat est sa durée indéterminée, gage de (relative) stabilité de l'emploi. Le deuxième point favorable est la référence aux dispositions de la convention collective. Enfin, certains points particuliers méritent d'être relevés : l'assurance de la révision annuelle du salaire, la durée du préavis de licenciement fixée à deux mois sans référence à l'ancienneté de la salariée au jour du licenciement.

5. Quelles sont les clauses qui peuvent paraître pénalisantes pour la salariée ? Ces clauses sont-elles licites ?

– La clause de mobilité : elle peut faire naître des craintes quant à une mutation future.
– La clause de non-concurrence : c'est une atteinte à la liberté du travail de la salariée.

Ces clauses sont soumises à des conditions stictes de validité par la jurisprudence :
– la clause de mobilité doit être justifiée objectivement par l'intérêt de l'entreprise (fonctions du salarié, besoins de l'entreprise) ; elle doit préciser sa zone géographique d'application ; elle doit aussi ne pas être mise en œuvre de façon abusive. Ici la clause remplit les conditions de validité (même si la référence à une démission présumée est déplacée, la seule voie de droit offerte à l'employeur étant celle du licenciement disciplinaire pour refus d'obéissance) ;
– la clause de non-concurrence ne doit pas porter atteinte de façon excessive à la liberté de travail du salarié (détermination précise des fonctions interdites, zone géographique et durée d'application de l'interdiction limitées) ; elle doit être justifiée par la défense des intérêts légitimes de l'entreprise ; elle doit aussi prévoir une contrepartie financière au profit du salarié. Là encore, la clause insérée dans le contrat de Mme Vilard paraît tout à fait valide.

2. Analyser une décision de justice

L'épreuve de Droit consiste à répondre à des questions de manière à proposer une solution à un problème juridique. Vous disposez pour cela d'un dossier documentaire, pouvant comporter une décision de justice (ou un extrait de jurisprudence). Le sujet ne demandera pas forcément de l'analyser, mais ce travail se révélera souvent indispensable pour répondre aux questions posées et proposer une solution argumentée.

Dans cette épreuve, vous devrez donc être capable de :

– situer la décision de justice en précisant la juridiction, la date, la procédure, le domaine de droit concerné ;

– dégager le problème juridique posé et le raisonnement de la juridiction pour le résoudre.

Démarche

ÉTAPE 1 Maîtriser le vocabulaire juridique

Cette étape du travail suppose une bonne maîtrise des termes juridiques spécifiques, ainsi qu'une connaissance précise des étapes de la procédure et du système judiciaire.

Maîtriser la terminologie

Appel : voie de recours par laquelle une partie porte le procès devant une juridiction du second degré.

Appelant : personne qui fait appel d'une décision du premier degré.

Arrêt : décision d'une juridiction supérieure : cour d'appel, Cour de cassation.

Arrêt confirmatif : arrêt de la cour d'appel confirmant le jugement des premiers juges.

Arrêt infirmatif : arrêt de la cour d'appel contraire au jugement des premiers juges.

Attendu : mot introductif des paragraphes d'une décision de justice (faits, arguments du demandeur).

Défendeur : personne contre laquelle la procédure est engagée.

Demandeur : personne qui engage la procédure.

Dispositif : partie d'un jugement ou d'un arrêt qui énonce la décision de la juridiction.

Grief : reproche (faire grief : reprocher).

Intimé : défendeur devant la cour d'appel.

Jugement : décision d'une juridiction du premier degré (tribunal d'instance, tribunal de grande instance, tribunal de commerce, conseil de prud'hommes, etc.).

Juges du droit : magistrats de la Cour de cassation (par extension, la Cour de cassation elle-même).

Juges du fond : juges des premier et second degrés (par extension, les juridictions des premier et second degrés).

Motif : argument de la juridiction.

Moyen : argument présenté contre la décision de justice contestée. Un moyen peut être divisé en plusieurs branches.

Parties : personnes qui s'opposent dans un litige.

Pourvoi en cassation : recours contre une décision en dernier ressort porté devant la Cour de cassation. La Cour de cassation rejette (arrêt de rejet) ou casse et annule l'arrêt contesté.

Revirement de jurisprudence : nouvelle interprétation du droit adoptée par les juges (en général de la Cour de cassation), adoptant une position contraire à celle qui prévalait jusque-là.

ÉTAPE 2 Comprendre la décision de justice

Pour bien comprendre une décision de justice, il faut repérer les points suivants.

1. La juridiction et la date de la décision étudiée

Repérer s'il s'agit d'un jugement ou d'un arrêt, identifier la juridiction (tribunal ou cour) qui est intervenue.

Exemple : arrêt du 26 janvier 2009 rendu par la 1re chambre sociale de la Cour de cassation.

2. Les parties

Identifier les parties en présence (demandeur/défendeur, appelant/intimé, demandeur au pourvoi/défendeur au pourvoi) : indiquer leurs noms en les situant l'une par rapport à l'autre sur le plan juridique.

Exemple : le demandeur est M. Rouliery, salarié, le défendeur est la société Carvet, employeur.

3. Les faits à l'origine du litige et l'objet du litige

Résumer les faits, c'est-à-dire les circonstances ou les événements qui ont mené au litige, en éliminant les détails et en suivant l'ordre chronologique. Puis mettre en évidence le litige lui-même.

4. Le déroulement de la procédure

Identifier, par déduction, les différentes juridictions saisies et présenter les étapes du procès chronologiquement. Indiquer la décision rendue par chaque juridiction.

5. L'énoncé du problème de droit

Formuler le problème juridique posé au juge, éventuellement sous la forme d'une phrase interrogative, mais toujours sous une forme générale. On peut souvent déduire le problème de droit des motifs évoqués par la juridiction saisie.

Exemple : le licenciement d'un salarié peut-il intervenir pour des faits relevant de sa vie privée ?

6. Les arguments des parties

Exposer les arguments (moyens) avancés par les parties devant la juridiction qui a rendu la décision étudiée. Procéder par énumération pour chacune des parties.

7. Les motifs de la décision

Relever les raisons qui justifient la décision du juge. Elles sont rédigées le plus souvent sous la forme : « Considérant que… » ou « Attendu que… ».

8. Le dispositif de la décision

Indiquer la décision prise par la juridiction saisie, tout en la commentant.

Exemple : la Cour de la cassation pose ici le principe nouveau selon lequel le professionnel est tenu à une obligation de résultat ; cette décision constitue un revirement de jurisprudence.

ÉTAPE 3 Utiliser le résultat de cette analyse pour résoudre le cas

En fonction des questions posées par le sujet, l'analyse ainsi menée pourra être utilisée pour argumenter sur la solution proposée.

Application

À l'aide de vos connaissances, analysez la décision de justice ci-dessous.

Note : ce type de question est un exemple pour l'entraînement proposé ici ; ce n'est pas forcément le modèle de sujet qui sera posé lors de l'épreuve.

Cour de cassation, chambre sociale, 10 mars 2009 *(juridiction et date de la décision)*

M. X... c/ société Y *(parties : le demandeur au pourvoi est cité en premier)*

LA COUR DE CASSATION,

Attendu, selon l'arrêt attaqué, que M. X... a été engagé le 20 janvier 2004 en qualité de chef d'équipe par la société Y ; que, par courrier du 5 mai 2004, le salarié s'est plaint auprès de son employeur de divers « faits illégaux » tenant notamment au défaut de respect d'une promesse de promotion, à la présentation d'accidents de travail comme des situations de maladie et à des agissements de harcèlement moral imputés à un supérieur hiérarchique ; qu'à la suite de ce courrier, il a été licencié pour faute grave par lettre du 3 juin 2004 ; que le salarié a saisi la juridiction prud'homale de demandes en contestation de son licenciement [...] ; *(rappel des faits et procédure)*

Vu les articles L. 1152-2 et L. 1152-3 du Code du travail ; *(textes visés par la Cour)*

Attendu qu'aux termes du premier de ces textes, aucun salarié ne peut être sanctionné, licencié ou faire l'objet d'une mesure discriminatoire, directe ou indirecte, notamment en matière de rémunération, de formation, de reclassement, d'affectation, de qualification, de classification, de promotion professionnelle, de mutation ou de renouvellement de contrat, pour avoir subi ou refusé de subir des agissements répétés de harcèlement moral ou pour avoir témoigné de tels agissements ou les avoir relatés ; que selon le second, toute rupture de contrat de travail intervenue en méconnaissance des articles L. 1152-1 et L. 1152-2 du Code du travail, toute disposition ou tout acte contraire est nul ; qu'il s'en déduit que le salarié qui relate des faits de harcèlement moral ne peut être licencié pour ce motif, sauf mauvaise foi, laquelle ne peut résulter de la seule circonstance que les faits dénoncés ne sont pas établis ;

(rappel des principes de droit appliqués)

Attendu que pour décider que le licenciement de M. X... reposait sur une cause réelle et sérieuse et le débouter de sa demande de dommages-intérêts pour rupture abusive, l'arrêt retient que le fait pour un salarié d'imputer à son employeur, après en avoir averti l'inspection du travail, des irrégularités graves dont la réalité n'est pas établie, et de reprocher des faits de harcèlement à un supérieur hiérarchique sans les prouver, caractérise un abus dans l'exercice de la liberté d'expression et constitue une cause réelle et sérieuse de licenciement ;

(rappel de la décision des juges du fond et leur argumentation)

Qu'en statuant ainsi, alors que le grief tiré de la mise à jour des agissements de harcèlement moral par le salarié, dont la mauvaise foi n'était pas alléguée, emportait à lui seul la nullité de plein droit du licenciement, la cour d'appel a violé les textes susvisés ; [...] *(arguments de la Cour de cassation)*

PAR CES MOTIFS,

CASSE ET ANNULE, dans toutes ses dispositions, l'arrêt rendu le 28 septembre 2006, entre les parties, par la cour d'appel de Dijon ; remet, en conséquence, la cause et les parties dans l'état où elles se trouvaient avant ledit arrêt et, pour être fait droit, les renvoie devant la cour d'appel de Besançon [...].

(décision de la Cour de cassation)

Corrigé

1. La juridiction et la date de la décision

La décision étudiée est un arrêt de la chambre sociale de la Cour de cassation, rendu le 10 mars 2009.

2. Les parties

L'affaire oppose M. X…, salarié de la société Y et demandeur au pourvoi, à la société Y, son employeur.

3. Les faits à l'origine du litige et l'objet du litige

M. X… était employé au sein de la société Y en qualité de chef d'équipe. Quelques mois après son embauche, il s'est plaint à sa direction de « faits illégaux » : non-respect d'une promesse de promotion, présentation d'accidents de travail comme des situations de maladie, agissements de harcèlement moral imputés à un supérieur hiérarchique. Il a été licencié pour faute grave à la suite de ce courrier.

4. Le déroulement de la procédure

M. X… a contesté son licenciement devant la juridiction prud'homale. L'affaire a ensuite été portée en appel ; par un arrêt du 28 septembre 2006, la cour d'appel de Dijon a estimé que le licenciement était justifié. M. X… a alors formé un pourvoi en cassation.

5. L'énoncé du problème de droit

Un salarié peut-il être valablement licencié pour des faits allégués mais non prouvés de harcèlement moral ?

6. Les arguments des parties

– M. X… estime avoir été victime d'actes de harcèlement moral de la part de son supérieur hiérarchique et avoir été licencié abusivement par son employeur.

– La société Y, de son côté, estime que M. X… n'a pas rapporté la preuve des faits de harcèlement qu'il a relatés par courrier et que le licenciement pour faute grave est fondé.

7. Les motifs de la décision

La Cour de cassation estime que le grief tiré des agissements de harcèlement moral par le salarié, dont la mauvaise foi n'était pas alléguée, suffit à entraîner à lui seul la nullité de plein droit du licenciement.

8. Le dispositif de la décision

En cassant l'arrêt rendu par la cour d'appel de Dijon, la Cour de cassation désapprouve les juges du second degré qui avaient rejeté la demande du salarié au motif que celui-ci n'avait pas rapporté la preuve des irrégularités et des allégations rapportées contre son employeur. La Haute Cour rappelle en effet qu'en la matière, la loi prévoit qu'un salarié ne peut pas être licencié pour avoir témoigné d'agissements répétés de harcèlement moral ou les avoir relatés et que toute disposition ou tout acte contraire est nul. Dans ces conditions, et dans la mesure où il n'est pas établi que le salarié aurait agi avec mauvaise foi, le licenciement doit être considéré comme nul.

Lexique des 1re et 2e années de BTS

A/B

Accord collectif
Accord ponctuel portant uniquement sur un thème précis : formation professionnelle, salaire, égalité professionnelle…

Accord dérogatoire
Accord qui déroge à un autre texte.

Acte de commerce
Acte défini par la loi comme étant de nature ou de forme commerciale, par opposition à un acte civil.

Acte juridique
Manifestation de volonté d'une ou de plusieurs personnes destinée à produire des effets juridiques.

Appel d'offres
Publicité légale par laquelle le pouvoir adjudicateur fait connaître aux entreprises intéressées ses besoins en matière de travaux, de fournitures ou de services.

Apport en société
Bien que les associés mettent à la disposition de la société en contrepartie duquel ils reçoivent des droits sociaux (parts ou actions). L'apport peut se faire en numéraire, en nature ou en industrie (travail personnel). Les apports contribuent à la constitution du capital (à l'exception des apports en industrie).

Artisan
Personne qui vend essentiellement des produits ou des services issus de son travail et dont l'entreprise ne compte pas plus de 10 dix salariés.

Association
Groupement constituant une personne morale dont l'activité, en principe non lucrative, poursuit un objectif d'intérêt général, de type culturel, sportif, humanitaire, etc.

Assurance
Dispositif juridique par lequel un assureur s'engage envers un assuré à couvrir un ou plusieurs risques, c'est-à-dire à l'indemniser en cas de réalisation du risque, en échange du paiement d'une somme d'argent, dite « prime d'assurance ».

Avant-contrat
Phase précédant le contrat définitif, constituée par une promesse unilatérale et/ou bilatérale de contracter, qui engage celui ou ceux qui l'ont faite.

Base de données
Ensemble de fichiers permettant de stocker des informations structurées.

Bonne foi
Devoir de loyauté et de coopération de tout contractant, aussi bien dans la conclusion que dans l'exécution du contrat.

C

Cahier des charges
Ensemble des documents contractuels par lequel le pouvoir adjudicateur impose au contractant ses conditions de réalisation de l'ouvrage ou du service à fournir.

Capacité juridique
Aptitude d'une personne à être titulaire de droits (capacité de jouissance) et à les exercer (capacité d'exercice).

Cautionnement
Sûreté personnelle par laquelle une personne (la caution) s'engage à payer la dette du débiteur dans le cas où ce dernier ne pourrait pas respecter ses engagements.

Centre de formalités des entreprises (CFE)
Centre qui permet aux entreprises de souscrire, en un même lieu et sur un même document, les déclarations auxquelles elles sont tenues par les lois et les règlements dans les domaines juridique, administratif, fiscal, social et statistique, lors de leur création, de la modification de leur situation sociale et de la cessation de leur activité.

Cessation de paiement
Situation d'une entreprise qui ne peut faire face à son passif exigible avec son actif disponible.

Clause de mobilité
Clause contractuelle prévoyant la possibilité que l'employeur se réserve de modifier le lieu de travail du salarié.

Clause de non-concurrence
Clause permettant à un employeur de se prémunir contre la concurrence que pourrait lui faire un salarié à l'expiration du contrat de travail en ayant pour objet de lui interdire l'exercice d'une activité professionnelle concurrentielle pendant un certain temps.

Clause de réserve de propriété
Clause dans un contrat de vente permettant de retarder le transfert de propriété du vendeur à l'acheteur jusqu'au moment du paiement complet du prix.

Clause d'indexation
Dans un contrat dont les paiements sont échelonnés dans le temps, clause qui entraîne la révision automatique du prix prévu au contrat en fonction de la variation d'un indice.

Clause exonératoire de responsabilité
Clause par laquelle une partie au contrat écarte d'avance toute demande d'indemnisation de son cocontractant en cas d'inexécution de ses obligations.

Clause exorbitante de droit commun
Clause caractéristique des marchés publics qui serait illégale dans un contrat de droit privé car accordant à un des contractants (pouvoir adjudicateur) des prérogatives exceptionnelles.

Clause limitative de responsabilité
Clause par laquelle une partie au contrat fixe à l'avance le montant de l'indemnité maximale à laquelle elle serait tenue en cas d'inexécution de ses obligations.

Collectivisation du risque
Processus par lequel les règles de droit mettent à la charge de la société l'obligation de réparer le dommage subi par une personne.

Conseil social et économique (CSE)
Organe de représentation du personnel assurant les fonctions des anciennes institutions représentatives (délégation du personnel, comité d'entreprise et conseil de sécurité et des conditions de travail). Son rôle est, entre autres activités, d'assurer l'amélioration des conditions de travail, de la sécurité ainsi que des conditions d'hygiène dans l'entreprise.

Commerçant
Toute personne physique ou morale qui exerce des actes de commerce et en fait sa profession habituelle.

Commission nationale de l'informatique et des libertés (CNIL)
Autorité administrative indépendante française chargée de veiller à la protection des données à caractère personnel.

Conciliation
Procédure amiable engagée à la demande d'un débiteur dont l'entreprise connaît des difficultés, pour tenter une négociation avec ses créanciers. La conciliation intervient avant la cessation de paiements ou dans les 45 jours de sa survenance.

Lexique

Congé individuel de formation (CIF)
Dispositif permettant à tout salarié de suivre, au cours de sa vie professionnelle, à son initiative et à titre individuel, des actions de formation. Le CIF est utilisé indépendamment de la participation du salarié aux stages compris dans le plan de formation de l'entreprise dans laquelle il exerce son activité.

Contrat
Convention formée entre deux ou plusieurs parties pour créer des effets de droit.

Contrat administratif
Contrat dont une des parties au moins est une personne morale ou la représente, caractérisé par des clauses ou une logique dérogatoires au droit commun.

Convention collective
Accord global traitant de l'ensemble du droit du travail (contrat de travail, hygiène, congés, salaires, classification, licen-ciement...), adaptant ainsi le Code du travail à un secteur donné.

Coopérative
Type de société dans laquelle les salariés constituent la majorité des associés, n'appliquant pas le principe de la redistribution des profits et mettant en application le principe de la participation de chacun à la prise de décision.

Correspondant Informatique et Libertés (CIL)
Personne chargée d'assurer, au sein d'une personne morale (privée ou publique), le respect de la loi Informatique et Libertés.

Créanciers chirographaires
Créanciers ordinaires, c'est-à-dire ne bénéficiant d'aucune garantie particulière pour assurer le recouvrement de leur créance.

Créanciers privilégiés
Créanciers bénéficiant d'une priorité de paiement par rapport aux créanciers chirographaires.

➔ D

Délai de grâce
Délai de paiement accordé à un débiteur défaillant.

Déontologie
Ensemble des règles et devoirs qui régissent l'exercice d'une profession.

Dividendes
Partie des bénéfices d'une société qui, sur décision de l'assemblée générale, est distribuée aux associés.

Document unique d'évaluation des risques (DUER)
Document obligatoirement élaboré et tenu à jour par tout employeur, destiné à recenser l'ensemble des risques pour la santé et la sécurité du personnel dans l'entreprise.

Dommage (ou préjudice)
Atteinte aux droits d'une personne, pouvant prendre la forme d'un dommage matériel, corporel ou moral, trouvant son origine soit dans l'inexécution d'un contrat, soit dans des situations de responsabilité délictuelle.

Dommages-intérêts
Somme d'argent attribuée à la victime d'un préjudice en réparation de ce préjudice.

Donnée à caractère personnel
Toute information relative à une personne physique identifiée ou qui peut être identifiée, directement ou indirectement, par référence à un numéro d'identification ou à un ou plusieurs éléments qui lui sont propres.

Droit d'alerte
Droit du salarié d'alerter immédiatement son employeur de toute situation de travail dont il peut penser qu'elle présente un danger grave et imminent pour sa vie ou sa santé.

Droit de retrait
Droit du salarié de quitter un poste de travail présentant un danger grave et imminent, pouvant résulter, par exemple, d'une défectuosité d'un système de protection. Ce droit s'impose à l'employeur, qui ne peut pas exiger la reprise du travail tant que la situation demeure dangereuse.

Droit de vote en assemblée générale
Droit accordé aux associés en contrepartie des apports effectués à la société. L'assemblée générale est l'organe délibérant de la société, compétent pour désigner ou révoquer les dirigeants, approuver les comptes et, d'une manière générale, statuer sur les propositions des organes de direction.

Droit moral
Droit perpétuel, inaliénable et imprescriptible de l'auteur sur son œuvre.

Droit patrimonial
Tout droit compris dans le patrimoine, c'est-à-dire l'ensemble des droits et obligations à valeur pécuniaire d'une personne juridique.

➔ E/F

Effet relatif du contrat
Principe selon lequel le contrat n'a d'effet qu'entre les parties contractantes.

Entreprise individuelle
Forme juridique d'entreprise dans laquelle il n'y a pas de distinction de patrimoine entre le propriétaire de l'entreprise et l'entreprise.

Fait générateur
Événement à l'origine de la responsabilité. Dans le cadre de la responsabilité contractuelle, il s'agit de toutes les formes d'inexécution du contrat. En matière de responsabilité délictuelle, il s'agit soit d'un fait personnel, soit du fait d'une chose dont on a la garde, soit du fait d'une personne dont on doit répondre.

Fonds de garantie ou d'indemnisation
Fonds destiné à protéger les victimes de l'insolvabilité du responsable de leur préjudice ou de l'impossibilité de le connaître. Ces fonds sont essentiellement financés par les compagnies d'assurances, c'est-à-dire par les assurés et, plus largement, par la collectivité.

Force majeure
Événement extérieur, imprévisible et irrésistible exonérant de toute responsabilité, tant contractuelle que délictuelle.

Force obligatoire du contrat
Principe selon lequel le contrat engage les contractants et ne peut être remis en cause par la décision unilatérale de l'un d'eux.

➔ G/I

Garantie
En matière d'assurance, certitude de l'assuré d'être indemnisé par l'assureur en cas de survenance du risque assuré.

Gestion prévisionnelle des emplois et des compétences (GPEC)
Gestion anticipative et préventive des ressources humaines, en fonction des contraintes de l'environnement et des choix stratégiques de l'entreprise.

Groupement d'intérêt économique (GIE)
Groupement de deux ou plusieurs personnes qui peuvent, par un contrat, constituer entre elles une structure, dans le but de faciliter ou de développer l'activité économique de ses membres. Le GIE est une personne morale dès qu'il est immatriculé au registre du

commerce et des sociétés. Il peut être constitué sans capital.

Inspecteur ou contrôleur du travail
Fonctionnaire chargé de veiller à l'application du droit du travail dans les entreprises, en particulier dans les domaines de l'hygiène et de la sécurité des salariés.

➔ L/M

Licenciement pour insuffisance professionnelle
Rupture du contrat de travail à l'initiative de l'employeur estimant et prouvant que le salarié est incapable d'exécuter ses tâches de façon satisfaisante.

Licenciement pour motif économique
Licenciement intervenant pour suppression ou transformation d'emploi, modification refusée par le salarié d'un élément essentiel de son contrat de travail devant être causées par des difficultés économiques, des mutations technologiques, la réorganisation de l'entreprise nécessaire à la sauvegarde de sa compétitivité ou la cessation d'activité de l'entreprise.

Lien de causalité
Relation de cause à effet entre un dommage et le fait générateur de ce dommage.

Lien de subordination
Critère essentiel de la qualité de salarié, le lien de subordination se manifeste par l'exécution d'un travail sous l'autorité d'un employeur ayant le pouvoir de donner des ordres et des directives, d'en contrôler l'exécution et de sanctionner les manquements de son subordonné.

Liquidation judiciaire
Procédure entraînant la vente de tous les actifs d'une entreprise, décidée par le tribunal lorsque les difficultés de l'exploitation sont telles qu'il est impossible de la poursuivre.

Marché public
Contrat conclu à titre onéreux entre les pouvoirs adjudicateurs (représentants des pouvoirs publics) et des opérateurs économiques publics ou privés, pour répondre à leurs besoins en matière de travaux, de fournitures ou de services.

Modification des conditions de travail
Simple changement des conditions d'exécution de son travail pour le salarié, relevant du pouvoir de direction de l'employeur et s'imposant en principe à lui. Le salarié qui refuse cette modification risque d'être sanctionné, voire licencié.

Modification du contrat de travail
Modification d'un ou plusieurs éléments essentiels du contrat de travail obligeant l'employeur à recueillir au préalable l'accord du salarié.

Mutualisation
Principe consistant à faire partager des risques par la collectivité, en particulier lorsqu'ils sont mal connus ou lorsqu'il est impossible de les assurer de façon classique.

➔ O

Obligation de sécurité
Obligation contractuelle à la charge du débiteur tenu de garantir à son cocontractant une exécution du contrat sans danger pour sa santé.

Opt-in
Recueil de données personnelles avec autorisation de la ou des personnes concernées.

Opt-out
Collecte de données personnelles basée sur le consentement implicite de l'internaute.

➔ P

Plan de sauvegarde de l'emploi (PSE)
Plan destiné à éviter les licenciements ou à en limiter le nombre, et à faciliter le reclassement du personnel dont le licenciement ne pourrait être évité. L'employeur a l'obligation d'établir un PSE (ex-plan social) lorsque l'entreprise compte au moins 50 salariés et que le nombre de licenciements est au moins égal à 10 dans une même période de 30 jours.

Pourparlers
Phase préliminaire à la passation au contrat durant laquelle sont discutées les clauses qu'il pourrait contenir. Aucune partie n'est engagée à ce stade.

Pouvoir adjudicateur
Il peut s'agir de l'État, des collectivités territoriales, d'organismes de droit public (ex. : une administration) et des associations formées par ces collectivités (ex. : une agglomération de communes).

Pouvoir de résiliation unilatérale du marché
La puissance publique peut seule mettre fin unilatéralement au contrat de marché signé. Elle peut le faire pour faute du cocontractant et dispose alors de pouvoirs étendus pour imposer ses conditions de résiliation ; elle peut également le faire hors faute du cocontractant, qu'elle doit alors indemniser.

Préjudice (ou dommage)
Atteinte aux droits d'une personne, pouvant prendre la forme d'un préjudice matériel, corporel ou moral, trouvant son origine soit dans l'inexécution d'un contrat, soit dans des situations de responsabilité délictuelle.

Prime d'assurance
Dans le cadre du contrat d'assurance, somme d'argent due par l'assuré à l'assureur en échange de la couverture des risques assurée par l'assureur. La prime d'assurance représente le coût de l'assurance.

Principe de faveur
Principe propre au droit du travail, selon lequel les dispositions prévues par une source « inférieure » du droit (convention ou accord collectif) ne peuvent déroger à la règle supérieure (loi, règlement) que par des règles plus favorables aux salariés. Ce principe n'est pas absolu.

Principe de précaution
Principe au nom duquel des mesures sont prises pour éviter la réalisation de dommages graves pouvant résulter d'un risque potentiel plausible mais non certain d'un point de vue scientifique.

Principe de prévention
Principe d'anticipation, à partir d'un risque connu, des mesures permettant d'éviter la réalisation de ce risque et des dommages qui lui sont liés.

Procédure de sauvegarde
Procédure judiciaire de prévention intervenant avant la cessation de paiements, par laquelle sont recherchés les moyens de réorganiser l'entreprise en difficulté, pour permettre la poursuite de son activité, le maintien des emplois et l'apurement de son passif dans un plan de sauvegarde.

Produit défectueux
Produit n'offrant pas la sécurité à laquelle l'acheteur ou tout utilisateur peut légitimement s'attendre.

Promesse de contrat
Engagement unilatéral ou bilatéral de passer un contrat.

Lexique

→ R

Reclassement
Obligation de l'employeur, préalable à tout licenciement pour motif économique, qu'il soit collectif ou individuel. Le reclassement doit être réalisé sur un emploi relevant de la même catégorie que celui qu'occupe le salarié ou sur un emploi équivalent ou, à défaut, et sous réserve de son accord exprès, sur un emploi de catégorie inférieure.

Redressement judiciaire
Procédure judiciaire intervenant après cessation de paiements d'une entreprise, dont les objectifs sont de poursuivre l'activité de l'entreprise sous surveillance et d'élaborer un plan de redressement, au service du maintien de l'emploi et de l'apurement du passif.

Régime matrimonial
Ensemble de règles, d'origine légale ou contractuelle, déterminant la composition du patrimoine de chaque époux et précisant comment chacun d'eux acquiert des droits et engage ses biens à l'égard des tiers.

Représentation
Dispositif juridique permettant à une personne (le représentant) d'agir au nom d'une autre personne (le représenté) pour laquelle elle peut passer des contrats.

Résiliation du contrat
Annulation, par le juge ou par le jeu d'une clause, d'un contrat dont l'une des parties ne respecte pas les obligations qui en découlent. La résiliation n'a d'effet que pour l'avenir.

Résolution du contrat
Annulation, par le juge ou par le jeu d'une clause, d'un contrat dont l'une des parties ne respecte pas les obligations qui en découlent. La résolution est rétroactive et elle s'accompagne de la restitution des prestations déjà versées.

Responsabilité contractuelle
Obligation de réparer un préjudice résultant de l'inexécution ou de l'exécution défectueuse du contrat par un contractant.

Responsabilité extracontractuelle
Obligation de réparer un préjudice provenant soit de la violation du devoir général de ne causer aucun dommage à autrui par son fait personnel, soit du fait des choses dont on a la garde, soit du fait des personnes dont on doit répondre.

Responsabilité objective
Responsabilité civile sans faute, fondée sur une situation mettant à la charge d'une personne l'obligation de réparer le dommage subi par un tiers (ex. : responsabilité du fait des choses dont on a la garde, responsabilité du fait des personnes dont on doit répondre).

Responsabilité subjective
Responsabilité civile fondée sur la faute d'une personne, obligée de réparer le dommage qu'elle a causé elle-même à un tiers.

Risque
Évènement dont la survenance est aléatoire, susceptible de causer un dommage.

→ S

Sinistre
Événement affectant les biens d'une personne, constituant la réalisation d'un risque contre lequel elle est assurée (ex. inondation, incendie, etc.).

Société
Personne morale instituée par un contrat conclu entre plusieurs personnes qui conviennent de mettre en commun des biens ou leur industrie dans le but de partager les bénéfices, une économie et éventuellement les pertes. Dans certains cas, elle peut être instituée par l'acte de volonté d'une seule personne.

Société coopérative de production (SCOP)
Société, de type SA ou SARL, dont les salariés sont associés majoritaires et mettent un projet d'entreprise en commun tout en assumant un partage des risques et des décisions.

Superprivilège des salaires
Priorité de paiement avant toute autre créance, accordée par la loi aux salariés pour garantir le versement des salaires impayés en cas de cessation de paiements de leur employeur.

→ T/V

Télétravail
Travail à distance au moyen des nouvelles technologies de l'information et de la communication (NTIC).

Transfert d'entreprise
Modification de la situation juridique de l'employeur (vente, fusion…) entraînant la poursuite des contrats de travail en cours avec le nouvel employeur.

Transformation sociale
Modification de la forme de la société décidée en assemblée générale extraordinaire.

Transmission d'entreprise
Opération juridique consistant à céder l'entreprise dans un contrat de vente ou dans une succession, soit par cession du fonds (entreprise individuelle), soit par cession des parts sociales (société).

Validation des acquis de l'expérience (VAE)
Dispositif permettant au salarié d'obtenir une reconnaissance de ses acquis professionnels et de son expérience.

Vice du consentement
Circonstance qui entrave la réalisation normale du consentement comme l'erreur, le dol ou la violence exercée par un contractant.

Crédits photographiques
p. 3 : tunedin/Fotolia.com ; p. 6 : Fotolia.com/lenetsnikolai ; p. 10 : Jürgen Hüls/Fotolia.com ; p. 11 : BillionsPhotos.com/Fotolia.com ; p. 12 : WavebreakMediaMicro/Fotolia.com ; p. 15 : michaeljung/Fotolia.com ; p. 16 : gilitukha/Fotolia.com ; p. 19 : dny3d/Fotolia.com ; p.20 : Minerva Studio/Fotolia.com ; p. 23 : .shock/Fotolia.com ; p. 25 : BillionPhotos.com/Fotolia.com ; p. 28 : Eugenio Marongiu/Fotolia.com ; p. 31 : leungchopan/Fotolia.com ; p. 32 : Andrey Popov/Fotolia.com ; p. 36 : Production Perig ; p. 38 : luna/Fotolia.com ; p. 41 : contrastwerkstatt/Fotolia.com ; p. 45 : vgstudio/Fotolia.com ; p. 46 g : Roger-Viollet ; d : REA/Gilles Rolle ; p. 50 : Onidji/Fotolia.com ; p. 52 : vgstudio/Fotolia.com ; p. 55 : kues1/Fotolia.com ; p. 57 : Photographee.eu/Fotolia.com ; p. 59 : BillionsPhotos.com/Fotolia.com ; p. 60 : Xiongmao/Fotolia.com ; p. 64 : Kurhan/Fotolia.com ; p. 67 : gstockstudio/Fotolia.com ; p. 69 : REA/Ludovic ; p. 74 : artjazz/Fotolia.com ; p. 77 : Kalim/Fotolia.com ; p. 79 de ht en bas et de g à d : Unclesam/Fotolia.com ; Pictures News/Fotolia.com ; He2/Fotolia.com ; michaeljung/Fotolia.com ; artfocus/Fotolia.com ; ematon/Fotolia.com ; p. 82 : imagedb.com/Fotolia.com ; p. 85 : Ingo Bartussek/Fotolia.com ; p. 86 : Rido/Fotolia.com ; p. 87 d : AFP/Olivier Laban-Mattei ; p. 87 g : AFP/Cor ; p. 87 m : REA/Gilles Rolle ; p. 89 : Minerva Studio/Fotolia.com ; p. 92 : Robert Kneschke/Fotolia.com ; p. 95 : auremar/Fotolia.com ; p. 99 : Mivr/Fotolia.com.

N° projet : 10250826 - Dépôt légal : Avril 2019
Achevé d'imprimer en Italie par L.E.G.O. S.p. A., Lavis (TN)

MIXTE
Papier issu de sources responsables
FSC www.fsc.org FSC® C022030